절제할 용기

How to Lead a Disciplined Life

: A Stress-Free Guide to Developing Self-Discipline,
Increasing Willpower, and Improving Self-Control
by Damon Zahariades
Copyright © 2023 by Damon Zahariades
All rights reserved.

절제할 용기

내 인생을 바꾸는 10단계 루틴

HOW TO LEAD   A DISCIPLINED LIFE

데이먼 자하리아데스 지음 | **김송호 옮김**

국일미디어

당신이 아는 사람 중에 '절제를 가장 잘하는 사람'을 생각해보라. 정확한 규율에 맞춰 일상을 살아가는 그의 모습을 보면, 마치 우리와는 전혀 다른 종류의 사람인 것처럼 느껴지기도 한다. 그러나 그들 또한 처음부터 절제력이 있었던 것은 아니라는 점을 알아야한다. 단언컨대 처음부터 절제력을 갖고 태어나는 사람은 아무도 없다.

그들에게도 절제력을 키우겠다고 처음으로 결심한 시기가 있었다. 그리고 그들은 대부분 그 싸움에서 졌을 것이다. 그래도 조금씩 절제와 자기조절을 개선시켜나갔다. 충동을 억제하는 방법도 배워나갔다. 그러면서 절제의 소중한 가치를 깨달았을 것이다. 절제는 의외로 그들에게 많은 보상을 선사했기 때문이다.

사실 우리 모두는 절제가 무엇인지도 모르는 상태로 태어났다. 그러면서도 우리는 지금까지 '절제력이 없다'는 약점과 씨름해왔다. 그 약점은 우리가 그 약점을 더 이상 용납하지 않겠다고 결심하기 전까지 우리의 삶을 지배하게 된다.

절제력을 키우는 과정에서는 유혹에 넘어갈 때도 많이 있다. 그럼에도 불구하고 비틀거리면서 나아가다보면 '언젠가는 더 이상 실패하지 않는 단계에 도달할 것이다'라는 확신을 갖게 된다. 그렇게 조금씩 승리를 맛보면서 나아가기 시작한다. 시간이 지날수록 절제가 승리하는 순간은 점점 늘어난다. 이런 과정 속에서 점진적으로 절제력이 높아지게 된다.

절제력이 높아진 뒤에도 방심할 수 없다. 언제든지 게으름과 나쁜 습관으로 되돌아갈 위험이 있기 때문이다. 우리의 삶이 계속되는 한 이 전투는 끝나지 않을 것이다. 그러나 전투를 하는 데 들어가는 노력의 양은 점차 줄어 들어가리라는 희망이 있다. 절제가 있는 삶으로 나아가는 투쟁은 대개 이러한 방식으로 진행된다.

나의 어린 시절 우리 집에는 애정과 온화함이 가득했다. 우리 부모님은 독선적이지 않았던 것으로 기억된다. 부모님은 그들만이 줄 수 있는 연민과 격려가 담긴 사랑을 형과 나에게 주었다.

그러면서도 부모님은 우리에게 절제를 강조했다. 게으름을 피우면 꾸중이 뒤따랐고 충동을 억제하면 격려가 뒤따랐다. 인내와 조심성을 보이면 칭찬을 받았으며, 방종과 과잉행동을 보이면 비난을 받았다. 그 시절의 기억이 지금도 생생하게 떠오른다. 지금 생각해보면 당시 우리 부모님은 나와 내 형에게 절제가 갖는 이점에 대해 매우 유익한 가르침을 준 것 같다.

그러나 나는 가끔 그 가르침을 잊기도 했다. 천성적으로 옹고집에 충동적인 성격을 보유하고 있었기 때문이다. 좋게 표현하자면 독립적이고 자유로운 영혼의 소유자였다. 이런 천성으로 인해 나는 어린 시절에 많은 어려움을 겪었다.

지금은 그렇지 않지만 어린 시절의 나는 비만이었다. 나는 충동을 억제하지 못하여 정크푸드를 많이 먹곤 했다. 또 그 시절 대부분의 아이들이 그랬던 것처럼 나의 치아는 충치로 썩어갔다.

부모님은 충동적인 나의 식탐을 억제시키기 위해 많은 노력을 기울였다. 하지만 부모님이 언제나 나와 함께 계시는 것은 아니었다. 학교에 다녀올 때나, 수영 연습에 갈 때나, 친구들과 어울릴 때에는 부모님의 간섭에서 벗어날 수 있었다. 그때 너무 많이 먹는 바람에 아무리 운동을 하면서 칼로리를 소모해도 몸무게가 늘어나는 것을 피할 수 없었다.

나는 여섯 살 때부터 수영을 했는데, 몸이 과체중이기도 하다보니 내 수영 실력은 얼마 이상으로 향상되지를 못했다. 나는 최고의 수영 선수가 되고 싶었지만, 수영 학원에서도 겨우 중간 수준에 머무를 수밖에 없었다. 고등학교에 진학했을 때도 내 수영 실력은 보통 수준에 머물렀기에, 결국 나는 수영 선수의 꿈을 접어야 한다는 사실을 인정해야만 했다.

나는 학업과 관련해서도 문제가 있었다. 집중력이 부족해 공부해야 할 분량을 따라잡지 못했기 때문이다. 그럼에도 불구하고 내가 공부에 일정 이상의 시간과 노력을 기울였던 것은 어머니의 관심이 있었기 때문이다. 그녀가 없었다면 나는 기꺼이 공부를 포기했을 것이다. 그래도 나는 툭하면 숙제를 빼먹기 일쑤였고 시험도 망치곤 했다.

이 문제는 고등학교 때 수영을 포기하고부터 본격적으로 대두되기 시작했다. 수영을 포기한 나는 공부하는 데 시간을 더 투자하기 시작했다. 그 결과 어느 정도 성과가 나타나긴 했지만, 이미 앞서가는 친구들을 따라잡기에는 역부족이었다.

3학년이 되어 지원할 대학을 고르게 되었을 때 나는 명문 대학에 지원하고 싶었다. 하지만 어느 명문 대학도 내 지원을 받아주지 않았다. 내 고등학교 성적이 형편없었기 때문이다. 하는 수 없이 나는 평판이 좀 낮은 대학에 진학할 수밖에 없었다.

대학 시절은 아주 즐거웠다. 부모님에게서 멀어진 나는 그 어느 때보다 자유를 만끽했다. 불행하게도 이런 자유는 나에게 큰 해가 되었다. 나는 공부할지 공부하지 말지를 결정하는 선택의 순간에서 늘 공부하지 않는 쪽을 선택했다. 당시의 나는 그런 선택이 어떤 결과를 초래할지에 대해 알아채지 못했다.

중학교와 고등학교에서는 학업이 한번 뒤처지더라도 조금만 노력하면 따라갈 수 있었다. 숙제는 단순했고 시험도 시험 전날에 노력하면 어느 정도는 따라갈 수 있었다. 하지만 대학의 공부는 완전히 달랐다. 숙제를 하려면 많은 노력과 시간을 들여야 했다. 또 많은 시간을 들여 공부를 하지 않으면 시험을 치를 수조차 없는 경우가 많았다. 결국 나는 한 과목의 수강을 아예 포기해버렸고 다른 과목에서도 그리 좋은 성적을 받을 수 없었다.

게다가 수면습관에 있어서도 불규칙한 생활을 반복하다보니 강의 중에 계속 졸았다. 마침내 어느 교수가 나를 따로 불러서 무슨 일이 있느냐고 물었다. 절제력이 부족하고 충동적인 내 생활습관은 후회스러운 삶의 결과로 이어졌다.

나는 대학을 마치고 회사에 취업했다. 많은 월급을 받고 많은 영향력을 펼칠 수 있는 자리를 원했지만 그 희망은 이루어질 수 없었다. 대학에서의 학업 성적도 형편없이 낮았기 때문이었다. 결국

한 푸드 체인점에 낮은 직위로 입사할 것을 제안받게 되었다.

당신은 아마도 내가 이 일로부터 교훈을 얻었을 거라고 생각할지도 모르겠다. 나의 학창시절이 실패했음을 깨닫고 반성하며 변화되었을 것이라고 말이다. 하지만 나는 그러지 않았다. 나는 내 실수를 깨닫긴 했지만 절제력을 향상시키는 길을 택하는 대신에 오히려 그 실수에 대한 책임을 회피하는 길을 택했다.

나는 게으르면서 충동에 사로잡힌 삶을 계속했다. 바로 해야 할 일을 뒤로 미루는 삶을 말이다. 당연히 직장에서의 업무 성과는 밑바닥이었다. 그 결과 좋은 평가를 받을 기회를 잃고 승진과는 점점 거리가 멀어졌다.

절제력 결핍의 악영향은 직장생활에만 나타나지 않았다. 나는 비만에도 계속해서 시달렸다. 인간관계도 엉망이 되었다. 집중력과 시간, 노력을 필요로 하는 취미생활도 더 이상 할 수 없는 지경에 이르렀다.

이때는 내 인생의 공백기였다. 나는 더 이상 어떤 성취를 통해 만족감을 얻는 경험을 할 수 없었다. 패배와 승리를 반복하다 점차 승리가 많아지는 경험도 할 수 없었다. 성취와 상관없이 노력 자체에서 오는 감정적인 보상도 즐기지 못했다.

나는 불행했다. 목적의식을 상실했다. 사실 나는 이러한 문제들이 나의 절제력 부족에서 왔다는 사실을 인지하면서도, 내면의 소리에 귀를 기울이는 대신에 내가 이렇게 된 외부적인 원인을 찾으려고 노력했다.

결국 나는 이런 허탈감이 직장생활 때문이라고 결론 내렸다. 선부른 결론이었다. 나는 나의 결론이 맞는지 깊이 생각해보는 대신에 생각해보는 것마저도 절제력이 필요하다, 확신에 차서 다음과 같은 생각에 지배되었다.

'삶에 변화를 주기 위해 직장을 그만둬야겠다'.

직장을 그만두기 전 부업으로 사업을 시작했다. 월급 없이 벌어먹고 살 방법을 고민하다 시도해본 것이었는데, 의외로 나의 사업은 매출이 성장하면서 상당한 성과를 거두었다. 그러나 이 결과는 순전히 운에 의한 것이었다. 물론 당시에는 그 사실을 알지 못했지만 말이다.

사실 사업을 하려면 직장에 다니는 것보다 훨씬 더 많은 인내심과 절제가 요구된다. 하지만 나는 절제력 부족이 사업에 악영향을 미친다는 사실을 깨닫지 못하고 있었다. 그러다보니 사업을 하면서도 여전히 나의 일에 집중하지 않는 생활방식과 자유분방한 삶을 유지했다.

예를 들어 나는 친구들과 제한시간을 정하지 않고 비디오 게임을 즐겼다. 그러다보니 밤 2시에 잠들었다가 새벽 5시에 일어나는 게 일상이 되었다. 부족한 잠은 커피로 보충했다. 그 결과 다이어트는 물 건너갔고 건강이 악화되었다. 일에 대한 집중력이 떨어지고 인간관계가 엉망이 되었다.

나는 그런 상황에서도 나 자신을 바꿔야겠다는 생각을 전혀 하지 못했다. 나태와 충동 속에 빠져 살아도 한동안 사업이 잘 되다보니, 내가 하고 있는 생활방식이 올바르다는 판단을 내린 것이다. 결국 이런 상황은 더 큰 재앙으로 귀결되었다.

나는 더 이상 내 사업을 세심하게 돌보지 않고 놀고먹으면서 시간을 보냈다. 그런데도 나는 현재 나에게 주어진 시간을 제대로 활용하고 있다고 여겼다.

또한 나는 매번 내가 올바른 결정을 내리고 있다는 착각 속에 빠져 살았다. 그런 잘못된 확신은 나의 사업에 내재돼있던 근본적인 문제들이 드러나도록 만들었고, 결국 내 사업은 파국을 맞게 되었다.

나는 사업까지 실패하고 나서야 지금까지의 내 삶에 대해 반성하기 시작했다. 사업 실패가 내 삶이 바뀐 계기가 된 것은 맞지만,

엄밀히 말해 나를 직접적으로 변화시킨 것은 처절한 실패의 경험으로 인해 나의 내면에서 피어난 '절망, 두려움, 스트레스'와 같은 부정적인 감정들이었다.

나는 이처럼 부정적이고 고통스러운 감정들 속에서 몸부림 친 끝에, 나의 문제점들을 고쳐나갈 방법을 강구하게 되었다. 나는 그것이 다른 이들에게는 쉽사리 주어지지 않을 절호의 기회였다고 확신한다.

나는 '나 스스로를 직시해야 한다는 인식'에 도달했고 '나 자신에 대해 용납하기 힘든 진실'을 조금씩 받아들이기 시작했다. 아이러니하게도 사업에 실패하기 전까지 나는 내가 절제력이 있는 사람이라고 생각했다. 하지만 그러한 생각은 나 스스로를 속인 결과였다.

나는 나 자신을 아주 쉽게 속였다. 하루 대부분의 시간을 나태하게 보내놓고 업무에 집중하는 짧은 순간만 포착하여 스스로를 근면한 사람이라 간주한 것이다. 또한 나는 이러한 속임수를 아주 빠르게 정당화시켰다. 내가 봐도 나의 이러한 모습은 놀라울 정도로 뻔뻔해보였다.

나에게는 오로지 한 가지 선택지만이 남아있었다. '일단 나의 단점을 대면하고 수용하자'. '성공적인 삶을 위해서는 나를 획기적

으로 변화시켜야만 한다'. 그때부터 나는 절제를 발휘하면서 일을
해나가기로 결심했다.

　이후 모든 것이 달라졌다. 절제를 선택하게 되자 해야 할 일이
아주 많아졌다. 하지만 그로 인해 내가 간절히 원하던 바를 이룰
수 있다는 보상이 주어졌다. 게다가 과거에 느꼈던 절망감과 우울
감도 사라졌다.

　절제 없는 삶을 살 때도 무조건 실패만 해왔던 것은 아니다. 그
와중에도 성공을 하고 그 성공으로 인해 희열과 만족감을 경험했
던 시기가 있었다. 하지만 그 성공은 언제나 한정적이었고 단기적
이었다.

　예를 들어 나는 살을 빼곤 했지만 곧 다시 살이 쪘다. 나는 몇
번 승진을 하긴 했지만 나보다 뛰어난 성과를 보인 경쟁자가 나보
다 더 빨리 승진했다. 인간관계가 좋았던 적도 있지만 그리 오래
가지 못했다. 한 마디로 기복이 심했다.

　그러나 절제력을 기르고 나서는 기복이 없는 원만한 삶을 살 수
있게 되었다. 물론 아직도 기복이 있긴 하지만 그 높낮이 정도가
크게 줄어들면서 훨씬 완만해졌다. 앞으로도 계속해서 이러한 기
복을 줄여나갈 것이다.

지금 내 건강은 획기적으로 좋아졌다. 몸무게는 목표치 내로 관리되고 있고, 주위와의 인간관계도 점점 나아지고 있다. 또 나는 나의 일에서 깊은 만족감과 성취감을 느끼고 있다. 이 모든 게 절제력을 갖춘 덕분이다.

여기까지 나의 이야기를 읽어준 당신에게 고맙다는 말을 전하고 싶다.

사실 자신의 실패 경험담을 많은 이들이 읽을 수 있는 책에다 까발리는 것이 그리 유쾌한 일은 아니다. 그래도 당신에게 내 스토리가 절제력 없는 삶을 고집하면 어떻게 되는지 생생하게 보여주는 교훈이 되었기를 바랐다.

만약 당신이 손쉽게 자신을 변화시킬 방법을 찾고자 이 책을 펼쳤다면 지금까지의 얘기를 듣고 약간 실망했을 수도 있다. '처절한 실패의 경험과 부정적인 감정 속에서 변화의 실마리를 찾을 수 있었다'는 얘기를 했으니 말이다.

하지만 그건 어디까지나 나의 경우다. 당신은 처절한 실패의 경험을 하지 않아도, 이 책을 통해 내가 찾은 변화의 실마리를 아주 쉽게 스트레스 없이 받아들일 수 있다.

내 스토리가 전해주는 메세지의 핵심은 변화가 가능하다는 것이다. 어떤 환경에 처해있든지 당신은 지금 바로 절제를 발휘하여, 자연스럽게 게으름을 버리고 당신의 가치와 신념, 목표를 실현하는 삶을 살아갈 수 있다.

관건은 용기를 낼 수 있느냐에 달려있다. 나는 당신이 그런 결심을 통해 절제하는 삶을 살게 되기를 바란다.

이 책에서 배울 수 있는 것들

이 책은 개인 워크숍 형태로 구성되어있으며, 당신을 교육과정에 따라 단계적으로 수련시킬 것이다. 본문은 총 세 개의 부(部)로 구성되어있는데, 각 부마다 교육 과정에 맞게 하나씩 목표를 갖고 있다. 그 목표들에 대해서는 아래에 상세히 기술했다.

이 책은 독자인 당신이 매일매일 책의 내용을 실천하는 것을 전제로 쓰였다. 각 장의 마지막에는 당신이 실행 가능한 절제 원칙과 연습 내용이 기술되어있다. 당신이 요구받을 내용은 단순하다. 책에서 배운 절제 원칙들을 당신의 삶에 적용해보는 것이다. 연습을 따라하다보면 절제가 있는 삶으로 나아가고 있는 자기자신을 발견하게 될 것이다.

이제부터 이 책에서 제시하는 상세한 로드맵에 대해 설명하겠다.

제1부 절제의 원칙

당신이 절제력을 갖고 싶도록 만드는 계기를 마련하는 장이다. 우리가 절제력을 키우지 못하는 가장 큰 이유는 바로 '절제에 대한 잘못된 이해'에 있다. 제1부에서는 절제가 무엇인지에 대해 정확한 정의를 내리고, 절제의 중요성과 쓸모에 대해서 논할 것이다. 그 다음에는 어떻게 해야 절제를 우리의 삶에 적용할 수 있는지를 여러 가지 측면에서 살펴볼 것이다. 제1부를 읽고 나면 절제력을 기르는 데 필요한 모든 지식을 알게 된다.

제2부 절제력을 키우기 위한 10단계

여기에서부터는 곧바로 실행 가능한 원칙들을 제시할 것이다. 개인의 성격과 행동을 바꾸는 데에는, 단계적인 실행 계획보다 효과적인 방법은 없다. 그런 점에서 제2부는 이 책의 가장 핵심적인 부분이기도 하다. 제2부에서는 각 단계에 대한 상세한 설명과 함께 그에 맞는 간단한 연습 방법이 제시될 것이다. 연습 방법은 다음 두 가지 사항을 염두에 두고 만들어졌다.

1. 각 단계가 내포하고 있는 콘셉트를 명확하게 이해한다.
2. 그 콘셉트를 내 삶에 적용하고 마스터한다.

제2부를 마치고 나면, 당신은 충동을 억제하고, 유혹에 흔들리지 않게 됨으로써 당신의 목표와 가치, 신념에 충실하게 살아가는 방법을 습득하게 될 것이다.

제3부 평생 동안 절제력 유지하기

절제력은 근육과 같아서, 매일 사용하면 점점 더 강해지지만, 사용하지 않으면 약해진다. 절제력을 기른 다음에는, 그것을 규칙적으로 사용함으로써 약화되는 것을 막아야 한다. 제3부에서는 절제력을 계속 유지시키는 여러 가지 방법에 대해 설명할 것이다. 당신의 결정과 행동이 당신이 의도하는 바에 맞춰지도록 하는 실제적인 전략을 배우게 될 것이다.

필요한 내용은 빼먹지 않을 것이지만, 본문 전개 과정에서는 가능한 글의 진행 속도를 빠르게 할 것이다. 그것이 당신이 이 책을 빠르게 끝까지 읽어내려가는 데 도움이 되기 때문이다.

욕망과 충동을 좀 더 잘 조절하고 싶은가? 순간적인 감정이나 게으름이 목표 달성에 방해가 되지 않도록 하고 싶은가? 무언가를 하고자 할 때마다 일관되고 목표 지향적인 행동을 하길 원하는가?

그렇다면 소매를 걷어붙이고 작업을 시작해보자.

목차

제
3
부

절제력 유지

제1부

절제의 원칙

최고의 승리는 자신을 극복하는 것이다.

- 플라톤 -

개인의 성공은 그 사람이 지닌 여러 가지 자질에 의해 이루어진다. 성공한 사람들은 재능이 있고, 동기부여가 확실하고, 지적이라고 여겨진다. 성공한 사람들은 긍정적인 사고를 가지고 있으며 전략적인 위험을 기꺼이 감수하겠다는 의지를 가진 것으로 간주된다. 물론 세간의 일부 비평가들은 성공한 사람들은 단순히 운이 좋은 것뿐이라고 말하기도 한다.

이처럼 사람이 성공하는 데 기여하는 요소로는 다양한 것들이 있지만 '절제력'만큼 확실하게 성공에 기여하는 요소는 없다. 아무리 재능이 좋은 사람이라도 충동을 이기지 못하고 해야 할 일을 소홀히 하면 실패할 수밖에 없기 때문이다. 동기부여 또한 마찬가지다. 아무리 강력하게 동기부여가 이뤄진 사람이라도 절제력이 부족하면 의지대로 실천하지 못한다. 지적인 사람도 마찬가지다. 캘빈 쿨리지(Calvin Coolidge)가 얘기했듯이, 이 세상에는 지적이지만 성공하지 못한 사람들로 넘쳐난다.

운은 어떨까? 다른 모든 자질이 부족하지만 운이 좋아 성공한 사람들도 있다. 그럼에도 불구하고 운은 절제력에 못 미친다. 운이 부족해 실패가 반복되는 상황에서도 인내심을 발휘하는 사람이, 운이 좋아 몇 번의 성공을 거둔 사람보다 최종적으로 성공할 확률이 더 높다. 운에 의해 성공을 거둬온 사람은 한 번의 실패만 맛봐도 무너지기 마련이다.

재능, 동기부여, 지성, 운과 같은 것들은 성공에 도움이 될 수 있다. 하지만 이 중 어떤 요소도 확실한, 그리고 최종적인 성공을 보장하지는 못한다. 절제력에 기반하지 않은 성공은 일시적이고 단기적인, '덧없는 성공'일 가능성이 크다.

지금부터 절제가 무엇인지를 살펴볼 것이다. 그 다음에는 절제를 둘러싼 오류들을 바로잡을 것이다. 사람들이 흔히 절제라 착각하는 행위들을 살펴보고, 그러한 착각을 어떻게 바로 잡을 것인지에 대해 얘기할 것이다. 또 절제력을 개발해나가는 과정에서 맞닥뜨릴 수 있는 장애요인들을 짚어볼 것이다.

01

절제란 참는 것이 아니다

궁극적으로 우리가 추구해야 할 힘은
자기 자신을 조절하는 힘이다.
| 엘리 비젤 |

절제하는 사람은 언제 어디서나 칭찬을 받는다. 고용주는 절제력
이 있는 직원을 원한다. 부모는 자녀가 절제력이 있으면 좋아한
다. 스포츠 애호가들은 절제력 있는 선수를 선호한다.

하지만 사람들은 절제에 대한 오해를 갖고 있다. 어떤 사람들
은 절제를 너무 좁게 해석해서 '규칙에 잘 따르는 것'이라고 정의한
다. 어떤 사람들은 절제를 너무 넓게 해석해서 '긴장을 푼 상태로

역경을 견디는 힘'이라고 믿는다. 또 어떤 사람들은 절제를 '무언가를 하지 않는 행위'라고 여긴다. 또 다른 사람들은 절제를 '동기부여를 유발하는 힘'이라고 생각하기도 한다.

이런 이미지들은 절제의 실제 정체와 여러 측면에서 공통점을 갖고 있다. 하지만 이들 중 어느 것도 절제의 정확한 정의와 일치하지는 않는다. 당신이 절제력을 키우고자 한다면, 반드시 절제의 정의를 정확하게 알고 있어야 한다.

절제에 대한 기본적인 정의는 다음과 같다.

'순간적 감정과는 상관없이 자신의 목표, 가치관, 신념에 따라 행동할 수 있는 능력'.

절제에 대한 탐구는 이 정의에서부터 시작하면 도움이 될 것이다. 여타 절제에 대한 애매하고 모호한 정의는 이 책에서 무시될 것이다.

우선 절제력이 우리의 삶에 실질적으로 어떠한 영향을 주는지에 초점을 맞춰 살펴보자. 그리고 나서 실천이 가능한 방법들로 살을 붙여나갈 것이다.

절제는 실행하는 힘이다

우리 모두는 어떠한 결실을 얻길 원한다. 직장에서의 성공을 원한다. 신체적으로도 완벽해지기를 바란다. 안정된 재정을 마련하고 가능하면 부자가 되기를 원한다. 또 새로운 기술을 습득하고, 성공적인 사업을 시작하고, 좋은 부모가 되고, 집안을 잘 정리하고, 다른 사람들의 존경과 찬사를 받기를 원한다.

하지만 목표를 갖는다고 해서 모두 실행으로 이어지는 것은 아니다. 목표를 세우는 것은 쉽지만, 그 목적을 달성하기 위해 계획을 세우고 그 계획을 지속적으로 실행해나가는 것은 어렵다. 그렇기 때문에 우리는 절제를 해야 한다.

일반적으로 '자기통제Self-regulation'는 '절제Self-discipline'와 같은 의미로 받아들여진다. 하지만 절제를 탐구하는 데 있어서는 이 둘의 차이를 구별하는 것이 중요하다. 사람들은 흔히 절제력이라 하면 '무언가를 참는 힘'이라 생각하곤 한다. 하지만 그 반대다. 절제력은 '무언가를 실행하는 힘'이다.

자기통제는 당신이 무언가를 계속하고 싶다고 생각할 때 그것을 멈추게끔 하는 힘이다. 자기통제는 당신이 공부를 할 필요가 있을 때 비디오 게임을 멈추도록 만든다. 자기통제는 당신이 다이어트 중일 때는 정크푸드를 먹지 않도록 만든다. 자기통제는 당신이 누군가에게 화가 났을 때 험한 말을 하는 걸 참도록 만든다.

반면 절제는 당신이 알람시계의 스톱 버튼을 누르고 더 자고 싶어할 때 침대에서 일어나게 만든다. 절제는 텔레비전을 보고 싶은 마음을 뒤로 하고 집안 청소를 하도록 만든다. 절제는 당신이 하던 일을 때려치우고 싶을 때 한 번 더 생각해보고 그 일을 지속하도록 만든다.

두 단어는 사전적으로는 의미가 동일한 '거울의 양면'일 수 있다. 그러나 성공의 관점에서 당신이 절제를 체득하고자 한다면, 당신은 절제를 '무언가를 참는 힘'이 아닌 '무언가를 실행하는 힘'으로 인식해야 한다. 장기적인 목표를 달성해나가는 과정에서는 후자의 힘이 훨씬 더 효율적이기 때문이다.

우리가 어떠한 목표를 달성하기 위해 무언가를 참는 일에 몰두하다보면, 우리의 두뇌도 그 행동을 피하는 데에만 몰두하게 된다. 그런 상황이 반복되면 우리의 두뇌는 애초에 달성하고자 한 목표를 잊기가 쉽다. 목표를 잊어버리면 무언가를 참아야 할 이유도 사라지게 되니 우리는 결국 실패하고 만다.

반면 자신이 달성하고 싶은 목표를 정하고 그것을 위해 해야 하는 일에 몰두하면, 우리의 두뇌는 원래의 목표에 집중하여 그것을 잊는 일이 없다. 자연스럽게 목표 달성에 부정적인 행동들도 하지 않게 된다. 그렇기에 우리는 '자기통제'가 아닌 '절제'를 해야 하는 것이다.

예를 들어 우리가 다이어트를 하기 위해 정크푸드를 삼가야 하는 상황에 있다고 해보자. 우리의 의식이 다이어트를 지속하는 데 초점이 맞춰져있으면 자연스럽게 정크푸드도 먹지 않게 된다. 반면 우리의 의식이 정크푸드를 먹지 않는 일 자체에 초점이 맞춰져 있으면 당장은 정크푸드를 먹지 않을 수 있어도 다이어트를 한다는 목표의식은 잊기가 쉽다. 다이어트를 잊으면 정크푸드를 먹지 않을 이유가 사라지는 셈이다.

또한 무언가를 참는 일은 '일의 연속성'을 갖기가 어렵다. 두뇌의 입장에서 정크푸드를 먹지 않는 행동은 정크푸드를 먹고 싶은 유혹이 생길 때마다 수행해야 되는 개별적인 업무로 인식된다. 우리의 두뇌는 평소엔 긴장이 풀린 상태로 있다가 충동이 생길 때마다 힘든 선택을 내려야 하는 것이다. 이것은 원하는 바를 이루고자 하는 우리의 의지를 더 강하게 소모시킨다.

그러나 우리가 다이어트라는 목표를 향해 나아가는 일에 집중하고 있으면 우리의 두뇌는 이를 하나의 업무로 인식한다. 다이어트를 지속한다는 것은 계속해서 진행되는 상태이기에 우리는 그것을 연속성 있게 유지시킬 수 있다. 그 상태에서는 정크푸드를 먹고자 하는 충동도 자연스럽게 깨지기 마련이다.

절제란 자유다

"절제란 자유다". 몇 년 전 나는 작가 조코 윌링크로부터 이러한 말을 듣게 됐다. 그의 말을 들은 나는 어리둥절했다. 내 가치관과 반대되는 말이었기 때문이다. 절제를 실천하면 자신이 하고 싶은 행동을 못 하기 마련이다. 그는 왜 절제를 자유라고 한 것일까?

사실 윌링크가 말한 자유는 '충동과 유혹으로부터의 자유'라고 할 수 있다. 물론 충동과 유혹은 나의 감정이고 나의 신체적 욕구이지만, 내가 진정으로 원하는 목표를 달성하는 것을 방해한다. 그렇기에 충동과 유혹은 진정한 나의 모습이라 할 수 없다. 그것들은 오히려 나를 옭아매는 외적 개입이라고 봐야 할 것이다.

절제와 자유는 각기 반대 진영에 속해있는 것처럼 보여도 사실은 불가분의 관계에 있다. 여기서 논하는 자유가 그저 육체적 욕구대로 방종하며 사는 삶이 아니라, 각자가 뜻하는 바를 이루며 살수 있는 '진정한 자유'라면 말이다.

욕구대로 살아가는 것을 자유라고 생각할 수도 있지만, 사실 그건 자신을 감옥에 가두는 것이나 마찬가지다. 왜냐하면 그것은 당신의 행동과 결정을 자신의 의지대로 하기를 포기하고 충동에 맡기는 셈이기 때문이다. 다시 말해 당신의 목표와 가치, 신념에 맞춰 행동할 수 있는 능력과 의지를 포기했기 때문이다. 당신이 계속 충동에 굴복한다면 그것은 스스로를 노예화하는 것이다.

절제란 당신을 옭아매는 충동과 유혹에서 벗어나는 일이다. 충동과 유혹이 무엇인지를 직시하라. 충동과 유혹은 진정한 나 자신이 아님을 인지해야 한다. 그리고 그것들이 더 이상 당신을 좌지우지 못 하게 해야 한다. 그러면 당신은 목표 달성에 도움을 주는 길을 선택할 자유를 갖게 된다.

절제 실행의 예시

절제가 무엇인지를 살펴봤으니 이제 실제 생활에서 어떠한 방식으로 절제가 이뤄지는지를 확인해보자.

다음은 현실에서 절제가 나타나는 여러 가지 예시들이다.

- 정시에 출근하기 위해 매일 일찍 일어나기
- 좋은 성적을 얻기 위해 시험공부 하기
- 집을 깨끗하게 하기 위해 매주 청소하기
- 몸매를 유지하기 위해 매일 운동하기
- 살찌는 것을 방지하기 위해 정크푸드 멀리하기
- 정리정돈을 위해 작업 공간을 매일 청소하기
- 휴가비를 마련하기 위해 매달 저축하기
- 일에 집중하기 위해 일할 때는 전화기 끄기
- 건강을 유지하기 위해 개인위생 실행하기
- 다른 사람을 존중하는 의미에서 약속시간 지키기
- 스트레스를 낮추고 집중력을 높이기
- 직장생활에서 마감 기한 준수하기
- 친구들과 관계를 유지하기 위해 자주 연락하기
- 신뢰할 만한 사람이라는 것을 보이기 위해 약속 잘 지키기
- 나중에 후회하지 않기 위해 입 다물고 있기 SNS 포함
- 영업 실적을 올리기 위해 고객에게 무작정 전화 걸기
- 삶의 질을 높이기 위해 새로운 습관 들이기
- 건강하고 창의적이기 위해 규칙적으로 휴식하기
- 마음 상태를 향상시킬 수 있도록 자기개발서 읽기

당신 또한 인생을 살아오면서 절제를 발휘했던 좋은 경험이 있을 것이다. 그것들 중에는 위 예시와 일치하는 내용도 있기 마련이다. 적어도 마지막 예시는 당신이 지금 하고 있는 활동이다.

설사 당신이 위 행동 중 하나를 별다른 노력 없이 무의식적 습관에 따라서 하고 있었더라도, 틀림없이 그것은 절제력이 발휘되어 이뤄진 행동이다. 이 사실을 인식하고 있는 것이 중요하다. 왜냐하면 그게 바로 절제하는 삶을 영위하도록 만들어주는 원동력이 되기 때문이다. 또 당신에게 항상 절제력이 '성취 가능한 목표'라는 사실을 상기시켜주기 때문이다.

당신은 이미 절제력을 가졌다. 또한 절제가 어떤 좋은 결과를 가져오는지도 체감한 바 있다. 이제는 당신이 겪은 절제의 경험을 다른 곳에 적용하는 일만 남았다. 어떠한 분야에서 절제를 발휘하고 싶다면 다른 분야에서 절제력 발휘에 성공했던 경험을 그대로 적용하면 된다. 절제력의 향상은 대체로 이러한 과정에 따라 이뤄진다.

절제로 인해 변화하는 것들

―――――――――――――――――――●―――――――――――――――――――

자기조절은 자기 존중의 중요한 요소다.
또한 자기 존중은 용기의 중요한 요소다.
| 투키디데스 |

앞서 절제란 순간적 감정과는 상관없이 자신의 목표, 가치관, 신념에 따라 행동할 수 있는 능력이라고 말한 바 있다. 하지만 이런 정의는 좀 추상적인 측면이 있다.

따라서 지금부터는 절제의 이점에 대해 구체적으로 살펴보려고 한다. 원하는 목표, 가치관, 신념을 이룬다는 것이 실제 삶에서 무엇을 가능하게 하는지를 살펴보고자 하는 것이다.

절제는 습관을 기르는 힘이다

새로운 습관을 기르는 것은 쉽지 않은 일이다. 새로운 습관을 기르려면 일상 속에 새로운 행동을 끌어들인 다음, 오랜 기간 그 행동을 유지하기 위해 신경 써야 한다. 이런 행동은 이미 존재하는 나쁜 습관을 거스르기 때문에 습관을 들이고자 하는 분야가 익숙한 분야이든 아니든 힘들기 마련이다.

인간의 두뇌는 익숙한 루틴Routine, 즉 습관Habit에 따라 행동을 하는 것만으로도 도파민을 분비시킨다. 도파민은 즐거움과 만족감을 느끼게 하는 강력한 신경전달 물질이다. 두뇌는 새로운 유형의 행동을 할 때 특히 많은 양의 에너지를 소모하다보니, 익숙한 루틴에 따라 행동할 때 만족하도록 진화한 것이다.

두뇌가 도파민 분비를 위해 우리로 하여금 어떠한 행동을 하도록 강요하는 것, 이것을 '충동'이라고 부른다. 습관을 기르는 것은 이러한 충동에 맞서 우리 뇌가 익숙해질 때까지 새로운 행동을 지속하는 일이다.

이윽고 새로운 행동이 습관으로 정착되면 그때부터는 두뇌가 그 새로운 행동을 하도록 충동을 일으킨다. 이러한 습관의 원리를 이용해 자신의 행동을 올바르게 이끌어나가는 힘이 절제력이다.

당신이 진정으로 원하는 목표

모든 사람은 권위에 의해 행동을 강요당한다. 어릴 적에는 부모들이 열심히 공부하고, 잘 먹고, 잠을 푹 잘 것을 강요한다. 교사들은 지정된 책을 읽고 학과 과정을 잘 학습하라고 강요한다. 어떤 스포츠를 배우고자 선택하면 코치가 그 스포츠의 특정 기술들을 익히라고 몰아세울 것이다.

이런 '압력'은 어른이 되어서도 계속된다. 당신의 상관은 당신의 업무와 관련된 작업을 완료하라고 강요한다. 법을 집행하는 공무원들은 당신에게 법과 법령을 지키라고 강요한다.

하지만 당신이 진정으로 원하는 목표예를 들어 멋진 몸매를 만들거나, 외국어를 배우거나, 소설을 쓰는 등를 성취하는 데에는 어떠한 외부적 압력도 가해지지 않는다. 아무도 당신이 원하는 바를 이루기 위해 어떤 행동을 하라고 강요하지 않는다. 당신이 진정으로 원하는 바를 이루려면 스스로가 스스로에게 강요해야만 한다.

아무도 강요해주지 않는 상황에서 당신조차 스스로를 강요하지 않으면 당신은 '현재의 잘못'을 저지르게 된다. 현재의 잘못이란 장기적인 보상을 포기하고 현재의 이익에 집착하는 것예를 들어 건강을 위해 다이어트 하는 대신에 맛있는 도넛을 먹는 것 등이다. 이런 행동은 즉각적인 보상을 위해 장기적인 목표 달성을 포기하거나 미루도록 만든다.

절제는 이런 행동을 개선하는 데 도움을 준다. 현재의 이익을 포기하고 장기적인 보상을 얻기 위해 필요한 행동을 실행하게 만들어주기 때문이다.

추진력

우리가 해야 할 행동을 하지 않는 데에는 수많은 이유가 있다. 그 중에는 게으름과 관련이 없는 이유도 있다. 어떤 때는 자신이 실행할 행동의 리스크를 과도하게 평가하여 실행에 옮기지 못한다. 그 행동을 했을 때 잃게 되는 것, 잃을 수 있는 것을 생각하니 두려움이 드는 것이다.

어떤 이유에서건 계획이나 행동을 실행하지 않거나 미루고자 하는 마음이 생겼을 때, 절제력은 그런 마음을 없애고 일단 행동에 나서게 하는 데 도움을 준다.

자신감과 안정감

중요한 일을 성취하게 되면 당신은 그만큼의 자신감을 얻게 된다.

자신감은 어떤 사안에서든 당신이 결과를 좌우할 수 있는 힘이 있다고 느끼게 한다. 특히 그 결과가 당신이 원하는 것이라면 말이다. 삶에서 자신감이 도움을 주는 사안 몇 가지를 소개한다.

- 매일 하기로 정한 일 완수하기
- 누군가에게 데이트하러 나가자 청하기
- 레슨에 가서 노래 배우기
- 목표한 양만큼 몸무게 줄이기
- 시험에서 완벽한 점수 획득하기

이러한 일들을 완수하게 되면 또 안정감이 쌓이게 되고, 스트레스를 받는 상황에서도 침착함과 평온을 유지할 수 있다. 하지만 이를 위해서는 우선 절제를 통해 어떤 일을 성취하는 경험을 쌓아야 한다.

인간관계의 개선

당신의 인간관계는 당신의 결정과 행동에 따라 좋아지기도 하고 나빠지기도 한다. 다른 사람을 존중하고, 공감하면서 대화하고,

연민의 마음을 보여주면 당신의 인간관계는 강화된다. 이와 반대로 신뢰를 깨뜨리고, 잘못된 커뮤니케이션을 하고, 다른 사람에게 냉담하거나 무관심하면 인간관계가 악화된다.

절제는 인간관계를 발전시키고 강화시키는 데에도 중요한 역할을 한다. 다른 사람의 마음을 상하게 하거나예를 들어 배우자를 속이는 등 다른 사람을 공격하는 행동 또한 절제를 통해 다스려야 할 충동의 소산물이기 때문이다. 충동은 갈등을 확산시키는 반면 절제는 화목함을 가져온다.

다른 사람이 당신을 실망시키는 행동예를 들어 친구가 약속을 깨뜨렸을 때 등을 했을 때, 절제력은 그 사람을 비난하지 않는 등 감정을 통제할 수 있도록 해준다. 절제력은 당신으로 하여금 평정심을 유지하면서 건전하고 생산적으로 문제를 해결하도록 만든다.

직장에서의 성장

사내정치 등 정치적 측면도 있지만, 무엇보다 직장생활에서 개인의 발전은 기술력, 의사결정능력, 업무 성과에 좌우된다. 이런 분야에서 잘 해낸다면, 당신의 직장생활은 순탄할 것이고, 장래는 탄탄대로일 것이다. 반대로 이런 분야에서 잘 해내지 못한다면, 당신의 직장생활은 어려워지고, 장래는 어두워질 것이다.

절제력이 없으면서도 성공적인 직장생활을 할 수 있을까? 아마 불가능할 것이다. 운 좋게 살아남아도 어느 시점에서 역경을 맞이하게 될 것이다. 언제 어디서든 발휘할 수 있는 절제력을 갖고 있다면 그런 역경조차도 당신에게 도움이 되도록 만들 수 있다.

직장 내에서 장기적인 성취를 이루려면 절제를 발휘해야 한다. 절제력이 있다면 비즈니스에서 좋은 결정을 내리게 되고, 생산적으로 일하게 되고, 마감 일자를 잘 지키게 된다. 절제력은 주위의 산만함에도 불구하고 집중력을 유지하게끔 도와준다. 절제력은 충동적인 행동을 멀리하고 생산성 높은 일을 하도록 해준다. 또 절제력은 당신의 상사를 비롯한 까다로운 동료들과 조화롭게 일을 할 수 있게 한다.

회복탄력성

삶은 곤경의 연속이다. 우리는 삶에서 곤경이 찾아올 때마다 신중하게 고민하고 결정을 내려 이러한 곤경들을 피하려 한다. 그럼에도 불구하고 모든 곤경을 피할 수는 없다. 간혹 아무리 신중하게 결정해도 피할 수 없는 곤경이 있기 때문이다.

곤경은 우리의 의지와 상관없이 찾아오며, 우리는 그 시점에서 할 수 있는 최선의 선택을 내릴 뿐이다. '우리가 선택할 수 있는 것이라곤 실패와 역경, 난관에 대해 어떻게 반응할 것인지 뿐이다'라는 옛말도 있지 않은가? 그만큼 실패를 견뎌내고 앞으로 나아가는 것은 인생에서 중요한 덕목이라 할 수 있다.

'회복탄력성Resilience'은 일이 잘못됐을 때 다시 일어설 수 있는 능력을 말한다. 회복탄력성은 당신이 맞닥뜨린 삶의 스트레스와 압력을 견뎌낼 수 있도록 도와주는 내적 힘이다. 회복탄력성은 포기를 강요받은 상황에서 정신의 줄을 놓지 않고 견디어내는 기초 인성이다. 회복탄력성은 당신의 한계를 넘어 앞으로 나아가도록 만들어주는 관성이다.

이러한 회복탄력성은 절제력에서 비롯된다. 실패의 상황에서 회복탄력성을 발휘하려면 충동에 휩쓸리지 않아야 하고, 목표를 직시해야 하고, 감정을 지킬 줄 알아야 한다. 모두 절제의 덕목들이라 할 수 있다.

절제의 파급효과

파급효과Spillover Effect란 경제학에서 사용되는 용어로, 어떠한 나라에서 벌어진 일이 예상치 못한 국가의 일로 번지는 것을 말한다. 예를 들어 2018년 미국이 중국에 수입관세를 부과한 결과, 중국에 생산공장을 둔 다른 나라들의 생산 및 수출에 차질이 생긴 것이 있다.

삶의 한 영역에 절제가 갖춰지면 또 다른 영역에 긍정적인 파급효과가 나타난다. 예를 들어 당신이 식단관리에 기반한 다이어트를 지속적으로 실행하게 되면 요리하는 법을 배우게 된다. 그러면 정크푸드를 먹지 않게 되어 신체가 건강해진다. 또 지속적인 다이어트로 충동을 조절하는 능력을 키우게 되면 인간관계가 개선되고, 재정적으로 풍요로워진다. 마지막으로 다이어트에 성공해 외형이 개선되면 자신감이 충전된다.

절제력을 키우려면 투자해야 한다

지금까지 나열한 절제의 이점들은 절제가 유익하다는 사실을 알려준다. 물론 대부분의 사람들은 절제가 유익하냐는 물음에 수긍할 것이다. 하지만 거기서 더 나아가 평소 절제력을 키우고 유지하기 위해 시간과 노력을 투자할 필요가 있다는 사실을 받아들이는 것이 중요하다.

절제가 좋다는 것은 누구나 알지만, 절제력을 키우기 위해 시간을 들이고 노력하는 사람은 별로 없다. 그렇다보니 절제력을 갖춘 사람도 별로 없다. 그러면서 막상 중요한 순간이 오면 자신에게 없는 절제력을 발휘하고자 무던히 애를 쓴다.

당신은 어떤가? 드러내놓고 말하지 않아도 기억을 돌이켜보면 스스로가 어떤 사람인지 금방 알 수 있다. 운전자들은 사소한 모욕에도 분노를 표출하곤 한다. 부부는 서로에게 또 부모들은 자녀들에게 공공장소에서조차 큰 소리를 지르곤 한다. 학생들은 시험 공부를 게을리하고, 직원들은 상호비방하기도 한다. 돌아보면 그러지 말아야겠다고 다짐하면서도 때가 되면 잘못을 반복한다. 절제력이 없기 때문이다.

절제력은 우리에게 이로움을 준다. 절제력이 있으면 다른 사람들과의 언쟁에 휘말리지 않게 된다. 절제력이 있으면 평온을 유지할 수 있다. 절제력이 있으면 당신이 원하는 바에 집중할 수 있다. 절제력은 당신이 그것을 갖출 경우 삶의 모든 부문에서 성공을 이룰 수 있도록 해주는 비밀무기다.

하지만 절제력을 키우기 위해서는 만족감을 뒤로 미룰 줄 알아야 한다.

현재보상이 아닌 미래보상

가치를 실현하기 위해 충동을 억제할 수 있어야
주도적인 사람이 될 수 있다.

| 스티븐 커비 |

대부분의 사람들은 미래에 받을 보상보다 현재에 받는 보상을 선호한다. 도파민을 분비하고 싶어하는 뇌가, 지금 바로 보상을 받으라고 충동을 일으키기 때문이다. 또 이러한 작용이 강한 사람일수록 현재보상을 선택하기 위해 미래보상의 가치를 깎아내리는 경향이 있다.

누군가 당신에게 돈을 줘야 하는 상황을 가정해보자. 그런데 30일 후에 돈을 받으면 10만 원을 받을 수 있고 지금 당장 받으면 1

만 원을 받을 수 있다. 만약 당신이 미래 가치를 중요시하는 사람이라면 30일을 기다렸다가 돈을 받을 것이다.

반면 당신이 오로지 현재 가치만을 중요하게 여기는 사람이라면 지금 돈을 받을 것이다. 그러고는 '30일 후에 어찌 될 줄 알고 기다리느냐'며 미래보상의 가치를 폄하할 것이다.

보상 지연을 통한 미래보상 획득

'보상 지연Delaying Gratification'은 미래에 더 큰 보상을 얻기 위해 지금의 보상을 기꺼이 포기하는 행위를 가리킨다. 이는 절제의 핵심 요소로, 당신이 보상 지연 능력을 기른다면 장기적인 목표를 더 쉽게 성취할 수 있다.

기본적으로 보상 지연은 미래에 더 큰 보상이 주어지기에 이뤄진다. 지금 당장의 만족감을 포기하는 것이니 그에 걸맞은 추가적인 대가가 주어져야 하는 것은 당연하다. 미래보상은 당신에게 더 큰 만족과 더 큰 행복을 가져다줄 것이다.

예를 들어 당신이 정크푸드를 먹고 싶은 현재의 유혹을 이겨내면 날씬한 몸매, 깊은 수면, 스트레스 해소, 상쾌한 기분이라는 더 큰 보상이 주어진다. 만약 운동선수가 운동 연습을 건너뛰고 싶은 유혹을 이겨내면 나중에 좋은 성적이라는 더 큰 보상이 주어진다.

때때로 미래보상은 하고 싶지 않은 일을 회피하는 수단이 되기도 한다. 예를 들어 운동선수가 당장 좋은 성과를 내기 위해 불법 약물을 사용하라는 유혹이나 압력을 받을 때, 미래보상을 생각하면 그 유혹을 이겨낼 수 있게 된다.

당신은 직장 동료를 모함하고 싶은 유혹에 빠질 수도 있다. 그러나 직장 내 인간관계를 좋게 유지한다는 미래보상을 생각하면 그러지 않을 수 있다.

스탠포드대학교의 마시멜로 연구

1972년 스탠포드대학교에서 수행된 '마시멜로 연구'는 어린이들의 보상 지연 능력과 그들이 커서 성공하는 것에 어떤 연관성이 있는지에 대한 통찰력을 제공했다.

연구진은 수십 명의 아이들에게 마시멜로를 하나씩 주고 다음 두 가지 중에서 선택하도록 했다. 아이들은 마시멜로를 바로 먹을 수 있지만, 15분 동안 기다렸다가 먹으면 그 보상으로 마시멜로 1개를 더 받을 수 있었다.

이 연구에 참여했던 아이들을 40년 후에 다시 조사했더니 15분간 기다리고 마시멜로 1개를 더 받은 아이들이 여러 측면에서 성공(학업 성적이 좋고, 스트레스를 잘 극복하는 등)한 것으로 나타났다.

무엇이 보상 지연을 가능하게 하는가?

연구결과에 따르면, 보상에 대한 생각을 덜 하는 아이들이 오래 기다리는 것으로 나타났다. 반대로 보상에 대한 생각을 많이 하는 아이들은 잘 기다리지 못하는 경향이 컸다.

하지만 당시에는 왜 보상에 대한 생각을 많이 하는 아이들이 보상 지연에 어려움을 겪었는지에 대한 연구는 수행되지 않았다. 보상에 대해 자주 생각하는 것은 아이들이 보인 여러 양상 가운데 하나에 불과할 뿐이었다.

2012년 이번에는 로체스터대학교에서 마시멜로 연구의 후속 연구를 진행하였다. 이 연구는 '불확실성'이 아이들의 보상 지연 능력에 얼마나 영향을 끼치는지를 파악하기 위해 수행되었다.

연구진은 28명의 아이들을 모아 두 개의 그룹으로 나누었다. 그러고 나서 우선 첫 번째 그룹의 아이들에게는 연구진이 약속을 어기는 모습을 보여주었고 두 번째 그룹의 아이들에게는 약속을 지키는 모습을 보여주었다. 그 다음에 아이들에게 스탠포드대학교의 마시멜로 연구와 동일한 연구를 시행했다.

연구결과 약속이 어겨지는 경험을 한 첫 번째 그룹의 아이들은 평균 3분 20초를 기다렸다. 반면에 약속이 지켜지는 경험을 한 두 번째 그룹의 아이들은 네 배나 더 긴 평균 12분 2초를 기다렸다.

실험 후 인터뷰에서 첫 번째 그룹의 아이들은 마시멜로를 1개 더 받을 수 있다는 약속을 신뢰할 수 없었다는 반응을 보였다. 그러다보니 보상에 대해 생각하는 빈도가 잦아졌다. 앞서 약속이 깨지는 경험을 했기 때문에, 참고 기다리면 보상이 주어질 거라는 믿음에 의문을 가지게 된 것이다.

이 연구는 왜 사람들이 보상 지연에 어려움을 겪는지에 대한 더 많은 통찰을 제공해준다. 현재보상을 포기하면 미래에 더 큰 보상이 주어질 것이라는 데 의문을 가질 경우 유혹을 이겨내기가 힘들어지는 것이다.

예를 들어 좋은 몸매를 만들고 싶은 사람이 자신이 이 목표를 달성할 수 있다는 데에 의문을 품는다면 정크푸드를 먹을 가능성이 커진다. 시험공부를 해야 하는 사람이 지금 하는 공부가 시험에 도움이 될 거라는 점에 의심을 품으면, 공부를 집어치우고 친구들과 어울릴 가능성이 더 크다.

이런 작용은 아이들에게만 국한되지 않는다. 어른들도 유혹에 굴복하느냐 또는 유혹을 이겨내느냐를 결정할 때 똑같은 반응을 보인다. 예를 들어 국가 경제에 인플레이션이 생길 것이라고 판단되면 저축하는 대신에 소비를 늘리려고 한다.

보상 지연을 하는 데 있어 가장 큰 걸림돌은 불신이다. 당신 또한 지금까지 살아오면서 몇 차례 이러한 불신의 상황을 경험해봤을 수 있다. 그렇다면 한번 미래 보상에 대한 불신이 생긴 상태에서는 영영 보상 지연이 어려운 것일까? 좋은 소식은 이런 상황을 개선할 방법이 있다는 것이다.

보상 지연을 잘하는 세 가지 팁

보상 지연 능력은 근육과도 같다. 보상 지연을 자주 할수록 그 능력이 더 강해진다.

여기서는 보상 지연에 필요한 근육을 키우는 세 가지 운동방법을 제시해보겠다. 규칙적으로 이 방법들을 실행하면 전반적인 절제력을 손쉽게 향상시킬 수 있다.

1. 작은 목표부터 시작하라

보상 지연 능력을 키우기 위해서는 우선 작은 목표부터 수행하는 연습을 해야 한다. 골반 근육이나 복근을 강화시킬 때 크런치 운동을 하곤 한다. 하지만 처음부터 하루에 크런치 50개 10세트를 수행하지는 않는다. 대부분 처음에는 10개 3세트로 가볍게 시작해서 근육이 강화되면 그 양과 횟수를 늘려간다.

보상 지연을 강화하는 방법도 마찬가지다. 처음에는 작은 목표부터 달성해내는 작업으로 시작해서 점차 큰 목표를 달성해내는 연습을 하면 된다.

보상이 지연되는 시간을 늘려가는 것도 방법이다. 예를 들어 설탕의 유혹을 이겨내겠다는 목표를 정했다고 치자. 이제부터 6개월 동안 설탕을 멀리하겠다고 하기보다는 우선 24시간 동안 설탕을 멀리하는 것으로 시작해보자. 24시간 동안 설탕을 멀리하는 것에 성공했다면 점차 기간을 늘려가면 된다. 다음에는 72시간 동안 설탕을 멀리하는 식으로 말이다.

이런 식으로 목표의 크기를 점차 늘려나가면 자연스럽게 보상 지연 능력이 커진다.

2. 유혹의 대가를 인식하라

모든 유혹에는 대가가 따른다. 사람들은 유혹에 따를 경우 좋지 못한 결과가 뒤따르리라는 것을 알고 있지만, 쉽게 까먹고 지금 당장의 쾌락을 선택한다. 특히 유혹의 대가가 먼 훗날 발생할수록 더욱 더 무시하기 쉽다.

유혹이 찾아왔을 때 그에 따르는 대가를 상기해보는 연습을 해보자. 처음에는 유혹의 대가를 상기해보는 것조차 거부감이 든다. 그러나 그것에 익숙해지면 유혹을 이기는 데 큰 도움이 된다.

3. 정확한 미래보상을 설정하라

우리가 유혹을 이겨내기 위해서는 마음속에 뚜렷한 목적의식을 지녀야 한다. 목적의식은 그 목표에 대한 이미지가 구체적일수록 더욱 뚜렷해진다. 그렇기에 목표가 되는 미래보상의 내용은 최대한 자세하게 설정해두어야 한다.

예를 들어 그냥 돈을 저축하겠다 하지 말고, 7월 1일까지 500만 원을 저축하겠다고 결심하라. 금액과 날짜를 정하는 것이 목표 달성에 이르는 핵심이다. 그냥 멋진 몸매를 만들겠다고 하는 대신에, 7월 1일까지 10kg을 줄이고 지방을 10% 빼겠다고 구체적인 타깃을 정하라.

이렇게 하면 미래보상에 대한 의구심이 쉽사리 일어나지 않고 달성해야 할 목표에 집중하기 쉬워진다.

보상 지연은 절제력을 기르는 데 중요한 한 가지 요소다. 다음에는 절제력을 약화시키는 요소 중 하나인 스트레스를 다루는 방법에 대해 살펴보겠다.

04

당신을 약하게 만드는 스트레스

●

절제는 자유의 다른 형태다.
게으름과 무기력으로부터의 자유, 다른 사람들의 기대와
요구로부터의 자유, 약점·두려움·의심으로부터의 자유.

| 하비 도르프만 |

스트레스와 절제는 적대적인 관계에 있다. 이 둘은 상반되는 결말을 가져온다. 이 둘은 항상 대립한다. 이 둘 중 어느 한 쪽이 범람하게 되면, 다른 한 쪽이 밀려나게 된다.

스트레스의 원인은 수없이 많다. 그들 중에서도 가장 일반적이면서 영향력이 큰 원인은 '통제 불능감'이다. 어떤 일이 일어났을 때 자신이 그 상황을 통제할 수 없다고 느끼게 되면 강한 스트레스를 받게 된다. 그 일이 삶에 미치는 영향이 크면 클수록, 스트레스를 더 크게 느끼게 된다.

애석하게도 스트레스를 많이 겪을수록, 다른 일에서도 통제 불능감을 느낄 확률이 커진다. 불행의 악순환이 시작되는 것이다.

두뇌의 투쟁 대 도피 반응

지금부터 스트레스와 절제의 상관관계에 대해 살펴보려고 한다. 우선 이 둘이 서로 어떻게 영향을 주고받는지 살펴본 뒤에, 스트레스가 발생한 상황에서 절제를 발휘할 수 있는 몇 가지 팁을 제시할 것이다.

우리의 정신에 어떠한 압력이 가해지면, 우선 생존본능을 조절하는 뇌 부위인 편도체가 활성화된다. 편도체는 우리가 처한 상황에 따라 그것에 투쟁할 것인지 도피할 것인지를 결정한다. 물론 절제의 관점에서 보면 투쟁이든 도피든 편도체가 내린 결정에 따르는 것은 나중에 후회할 만한 일을 만드는 오답이다.

편도체에서 명령이 왔을 때 전두엽은 그 명령을 재점검하고 당신의 감정을 조절한다전두엽은 다른 많은 역할도 수행하지만, 여기서는 감정 조절 문제에만 집중하기로 하자. 편도체가 전두엽에게 '심각한 문제가 발생했어'라고 알리면, 전두엽이 '진정해. 이 문제는 합리적으로 해결할 수 있어'라고 대답한다. 전두엽은 최종적으로 그 상황에 어떻게 대처할지를 결정한다.

예를 들어 다른 운전자가 당신의 차선에 갑자기 끼어든 경우를 생각해보자. 이 상황은 당신의 편도체를 활성화시키면서 전두엽에게 '적색 경고! 이 얼간이와 투쟁할 필요가 있음'이라고 말할 것이다. 그러면 전두엽은 '잠깐 기다려. 침착해. 우리는 안전하잖아. 위험은 피했잖아'라고 응수할 것이다. 물론 당신은 아직도 그 무례한 운전자를 응징하고 싶은 욕구를 느낄 것이다.이렇게 말하는 나도 똑같이 생각한다.

정상적인 경우에는 이 과정으로 충분하다. 하지만 인간의 두뇌는 스트레스를 축적해놓는 특성이 있다. 스트레스가 쌓이면 편도체를 강화시키고 전두엽을 약화시켜 충동을 조절하는 능력을 저하시킨다. 평소 '이까짓 일쯤이야' 하는 사람들도 말이다.

만약 당신이 스트레스가 쌓여있는 상태에서 위와 같은 교통상황을 맞이한다면 당신은 편도체의 충동적인 명령을 제어하지 못한다. 충동 조절에 실패한 결과 욕설이나 난폭운전과 같은 해로운 행동을 하게 될 수도 있다.

술을 많이 마시면 절제력이 약화된다는 사실은 이미 알고 있을 것이다. 술은 충동을 조절하는 능력을 약화시켜 당신의 행동 기준을 무너뜨린다. 이 상태에서는 보상 지연과 같은 행위를 할 수가 없다. 스트레스 상황은 술에 취한 상태와 비슷한 효과를 나타낸다. 그렇기 때문에 스트레스를 절제의 적이라 하는 것이다.

자, 그럼 이제 이런 스트레스와 절제의 관계를 다른 측면에서 살펴보자.

절제하는 삶은 스트레스를 예방한다

스트레스 상황은 당신의 절제를 악화시킬 것이다. 그러나 반대로 절제력을 키우면, 살면서 스트레스를 덜 받게 된다.

이것과 관련해서는 두 가지 경우를 살필 수 있다. 첫 번째는 절제력이 있으면 스트레스를 받는 위기의 기준이 올라가게 되는 것이고, 두 번째는 절제하는 삶을 살 경우 스트레스를 받을 수 있는 위험한 상황이 좀처럼 만들어지지 않는 것이다.

첫 번째 경우는 절제력의 감정 조절능력에 기인한다. 앞서 설명했듯이 스트레스는 어떤 상황에 대한 통제 불능감으로 인해 발생하는데, 절제력이 있는 사람은 마음속의 통제 불능감을 있는 그대로 받아들여 스트레스를 불식시킬 수 있다.

예를 들어 퇴근길에 겪는 교통체증은 당신이 어떻게 해결할 수 없다. 그 사실을 인지하면 발을 동동 구르는 대신에 그 상황을 받아들일 수 있다. 눈이 내리는 날에는 날씨를 마음대로 조절할 수 없다는 사실을 받아들일 수 있다. 타인의 행동을 내 마음대로 바꿀 수 없다는 사실을 받아들이면 다른 사람의 거슬리는 행동에도 열 받지 않고 침착하게 대처할 수 있다.

이렇게 상황에 대한 통제 불능감을 받아들이면 스트레스를 받지 않고 현명하게 대처할 수 있다. 통제 불가능한 상황에 대해 스트레스를 느끼기보다는 그 상황에 어떻게 대처할 것인지에 초점을 맞춰라.

두 번째 경우는 절제를 통해 삶 자체를 안정화시키면 위기 상황의 발생 가능성이 줄어드는 것에서 기인한다. 스트레스는 삶에서 피할 수 없는 요소이긴 하지만, 불필요한 스트레스는 가능한 피할 수 있다.

예를 들어 평소 절제를 발휘하여 저축을 해두면 재정적 여유가 생겨, 가까스로 생활비 수지를 맞춰야 하는 스트레스적 상황에 놓일 확률이 적어진다. 평소 공부를 열심히 해두면 시험기간에 벼락치기 공부를 할 필요가 없어 스트레스를 덜 받게 된다. 자동차를 정기적으로 정비해두면 갑작스런 고장이 일어나 위험한 길가에 차를 세우고 기다려야 하는 스트레스 상황을 피할 수 있게 된다.

이로 인해 일상에서 받는 스트레스가 줄어들면 더더욱 절제하는 삶을 살 수 있다. 삶을 긍정적인 방향으로 인도하는 선순환이 시작되는 것이다.

스트레스 상황에서의 절제

아무리 절제력이 높고 절제하는 삶을 실천하는 사람이라도 강력한 통제 불능감을 느끼는 비극적 상황은 언젠가 찾아오기 마련이다. 이러한 상황이 찾아왔을 때에도 절제를 발휘할 수 있는 몇 가지 팁을 소개하겠다. 물론 이것을 능숙하게 실천하는 데에도 연습이 필요하다.

첫 번째는 스트레스의 원인을 파악하는 것이다.

빡빡한 마감시한에 업무 일정을 맞추느라 스트레스를 받고 있는가? 친구나 애인과 다퉜는가? 생활비를 마련하느라 힘든가? 질병에 걸려 신음하고 있는가? 우울한가? 스트레스의 원인을 파악하면 마음속에 통제 불능감을 받아들이는 데 도움이 된다.

두 번째는 내가 절제를 발휘하지 못해 그 상황에 나쁘게 대처했을 때 맞이할 최악의 결말을 상상해보는 것이다.

예를 들어 다이어트를 하고 있는데, 일과 관련된 스트레스 때문에 정크푸드가 먹고 싶은 상황이라고 가정해보자. 이러한 상황에서 다이어트를 포기했을 때 느끼게 될 죄책감과 수치심을 떠올려보라. 또 다른 예로 배우자와 갈등을 겪고 있다고 가정해보자. 충동에 사로잡혀 상대에게 입에 담지 못할 악담을 퍼부었을 때 생길 결과를 상상해보라.

내 행동이 나중에 어떤 결과를 초래할지에 대해 생각해보는 것은 전두엽의 기능을 일깨워, 단편적이고 신중하지 못한 행동을 막는 데 도움이 된다.

세 번째는 당신의 행동과 결정에 대해 당신 자신이 책임져야 한다는 점을 명심하라. 의도치 않게 당신에게 찾아온 비극적 상황에 대해 당신이 책임질 필요는 없지만, 그 상황에 어떻게 대처하였는가에 대해서는 당신이 책임져야 한다.

예를 들어 배우자와 갈등을 겪고 있는 상황에서 배우자가 언짢은 얘기를 했다고 했을 때, 당신은 배우자가 언짢은 얘기를 했다는 그 상황 자체에 대해 책임질 필요는 없다. 하지만 그 상황에서 당신이 어떻게 대응했느냐에 대해서는 책임을 져야 한다.

당신의 어깨에 괜히 무거운 짐을 올려둘 필요가 있을까? 이 점을 꼭 명심해야 한다. 살다가 어떤 상황에 처하더라도 당신이 절제력 있게 대응한다면 마음의 무게는 훨씬 가벼워진다.

상상할 수도 없을 만큼의 큰 스트레스도, 결국에는 이겨낼 수 있는 것들이다. 대부분의 경우 스트레스를 이겨내는 데 있어서 가장 큰 장애물은 마음의 자세다. 스트레스 상황이 닥치더라도 앞에 제시한 세 가지 방법을 실행한다면, 절제력을 회복하고 충동과 유혹을 이겨내기가 쉬워질 것이다.

다음 장에서는 절제력에 대해 공통으로 잘못 생각하고 있는 몇 가지 사항들에 대해 살펴보겠다.

절제에 대한 오해들

———————————•———————————

절제력은 당신이 그 일을 하고 싶어하는가에 상관없이,
당신이 해야만 하는 일을 해내는 능력을 말한다.

| 엘버트 허버드 |

사람들은 절제의 실체가 무엇인지, 어떻게 하면 절제력을 키울 수
있는지에 대해 잘못 생각하고 있다. 그런 잘못된 생각들 때문에
많은 사람들이 절제가 성공에 도움이 된다고 생각하면서도 절제
력을 키우기를 망설이곤 한다.

지금부터 절제력에 대한 일곱 가지 오해들을 살펴보려고 한다.
아마도 당신이 지금까지 절제력을 키우길 망설여왔다면, 다음 일
곱 가지 오해들 때문에 그랬을 가능성이 크다.

오해① 절제력과 의지력은 동일하다?

나는 당신이 '절제력'을 '의지력'과 같은 의미로 받아들이지 않길 바란다. 앞서 나는 절제력에 대해서 '무언가를 실행하는 힘'이라고 표현했다. 이러한 표현만 생각해보면 절제는 의지력Willpower과 같은 것으로 받아들여질 수도 있다.

그러나 둘 사이에는 엄연한 차이가 있다. 정확히 말해 절제력은 당신이 장기적으로 당신의 삶을 설계하도록 만들어주는 힘이다. 절제는 당신이 추구하는 가치관, 신념, 목표를 이루기 위해 필요한 루틴을 습관화시키는 행위다. 반면 의지력은 순간적인 충동을 이겨내도록 해주는 힘이다.

예를 들어 당신이 매일 아침 운동을 하기로 결심했다고 해보자. 의지력은 그 다음날 아침 당신이 더 자고 싶다는 유혹을 물리치고 이불 밖으로 나서게 해준다. 반면 절제력은 매일 아침 6시에 일어나는 습관을 들이도록 만들어준다. 이에 따라 아침 6시에 일어나는 것은 당신 삶의 일부가 된다.

당신이 만일 의지력을 발휘해서 원하는 바를 이루고자 한다면, 당신은 매일 아침 상당한 양의 의지력을 발휘해야 한다. 그러나 당신이 만일 절제력을 발휘해서 원하는 바를 이루고자 한다면, 당신은 그러한 루틴이 습관으로 정착될 때까지만 의지력을 발휘하면 된다.

절제력과 의지력은 둘 다 당신의 목표 달성에 나름의 역할을 하게 된다. 특히 의지력은 절제를 시작할 때 필요한 '보상 지연'을 수행하는 데 필수적이다. 하지만 최종적인 단계에서 절제력과 의지력의 작동 방식은 전혀 다르다.

의지력이 유혹을 뿌리칠 때는, 그건 그 순간에만 그렇게 하는 것이다. 반면에 절제력은 장기적인 관점에서 당신의 행동 패턴과 결정 패턴을 바꿔버린다. 둘의 차이점을 이해하는 것이 매우 중요한데, 이에 대해서는 다음 장에서 상세히 살펴볼 것이다.

오해② 절제를 잘하는 사람은 감정이 메말라있다?

절제를 잘하는 사람의 이미지를 물어보면 무표정하고 무심한 사람을 떠올리는 경우가 많다. 감정을 드러내지 않고 주변에 흔들리지 않는 고집불통이 되어야 절제를 잘할 수 있다는 인식이 퍼져있는 것이다. 마치 목적달성과 승리 외에는 그 무엇도 신경 쓰지 않는 전설 속 인물들이 떠오르기도 한다. 그러나 이런 사람은 상상 속에서나 존재하지 현실에서는 존재할 수 없다.

올바른 방식의 절제를 하기 위해서는 무엇보다 자신의 감정 상태를 정확히 인식해야 한다. 다시 말해 자신의 마음이 어떤 상태에 있는지 예민하게 느껴야 한다. 그래야만 충동이 발생할 시 즉각적으로 그 충동을 불식시키고 절제의 상태를 오랫동안 유지할 수 있다.

유혹에 넘어가고자 하는 충동이 들 때는 자신이 왜 그런 식으로 행동하고 싶은지를 인식하고 그 충동이 당신에게 필요한 것인지 아닌지를 판단해야만 한다. 그렇게 할 때만 충동의 감정을 납득시켜 조용히 잠재울 수 있다.

이러한 이유로 절제력이 있는 사람들은 자신의 감정에 순수하게 집중하는 태도를 취하고 있다.

오해③ 절제력은 타고나는 것이다?

태어나면서부터 절제력을 갖춘 사람은 없다. 가정환경에 따라 어떤 사람은 훈육에 의해 절제력을 얻기도 하고 그렇지 않은 사람도 있긴 하지만, 날 때부터 성숙해진 절제력을 갖춘 사람은 없다. 그럼에도 불구하고 몇몇 사람들은 절제력은 타고나는 것이라는 오해를 한다.

이러한 오해의 가장 큰 문제는 사람들로 하여금 절제력을 키우려는 시도는 헛된 짓이라고 착각하게 만든다는 것이다. 그게 아니더라도 절제력을 키우는 데에는 어마어마한 시간과 노력이 투자돼야만 한다고 오판하게 만든다.

절제력은 타고난다는 식의 생각이 오류인 이유는 우리의 경험 속에서 찾을 수 있다. 모든 사람은 자라나면서 절제를 배우고, 실행하고, 연마한다. 아무리 절제력이 부족한 사람일지라도 커가면서 최소한의 절제력을 갖추게 된 경험이 있을 것이다. 이것이야말로 누구든지 계속해서 실행하고 연마하면 절제력을 기를 수 있다는 증거다.

오해④ 절제는 자유를 제한하는 것이다?

절제는 자유의 반대인 것처럼 보이기도 한다. 원하는 대로 먹을 자유, 원하는 대로 말할 자유, 그때그때 원하는 것을 할 수 있는 자유. 이러한 자유를 잃는 것은 노예나 다름없다며 절제력을 키우기를 거부하는 사람들이 많다.

이러한 사람들은 관점을 전환시킬 필요가 있다. 이들은 충동을 '자신의 본질'로 여기고 이를 억제하는 절제를 '외적 간섭'이라 여긴다. 그러나 사실은 반대다. 충동을 억제하고 원하는 바를 이루고자 하는 의지야말로 인간의 본질이며, 이를 방해하는 충동이야말로 인간을 노예로 만드는 외적 간섭이다.

절제는 자유를 억제하지 않는다. 오히려 절제가 당신에게 자유를 준다. 당신이 원하는 목표를 추구할 자유, 당신이 원하는 삶을 살 자유, 당신이 원하는 사람이 될 자유. 절제력은 순간적인 충동과 감정에 휘둘리지 않고 당신의 가치관, 신념, 포부에 맞는 선택을 할 자유를 선사한다.

오해⑤ 절제력이 제어권을 확보해준다?

우리는 자신이 현재 처한 상황에 대한 제어권을 갖고 있기를 원한다. 제어권을 갖고 있으면 우리의 불안 심리를 자극하는 불확실성을 배제할 수 있고, 상황을 우리의 의지대로 흘러가게 할 수 있기 때문이다.

간과해서 안 되는 점은 아무리 절제력을 키워도, 당신이 처한 상황에 대한 완벽한 제어권이 확보되지는 않는다는 것이다. 당신은 그 상황에 간섭하는 다른 사람들의 행동을 제어할 수 없다. 그들의 행동, 반응, 동기는 그들 나름의 논리대로 굴러간다. 물론 자연현상, 시장상황과 같은 공동의 환경도 제어할 수 없다.

당신이 제어할 수 있는 것은 오로지 당신 자신뿐이다. 당신이 아무리 높은 절제력을 갖고 있더라도 당신이 예상치 못한 방향으로 주변 상황이 흘러갈 수 있다. 그렇기에 절제력을 키우면 자신이 처한 상황에 대한 제어권을 확보할 수 있다는 기대를 해서는 안 된다. 그런 기대를 하는 이들은 절제력을 키우는 과정에서 필요 이상의 무력감을 느끼고 포기해버릴 것이다.

당신은 절제를 통해 당신의 행동과 반응을 선택할 수 있다. 당신의 생각, 믿음, 감정을 선택할 수 있다. 유혹에 빠질 것인지, 가치관과 목표에 따를 것인지를 선택할 수 있다. 이것은 모든 상황을 완벽하게 제어하게 만들어주지는 못하지만, 보다 더 좋은 상황으로 만들어주는 데 강력한 효과를 발휘한다. 절제의 역할은 거기까지라는 것을 인식하고 있어야 한다.

오해⑥ '아니오'라고 말하는 것이 절제다?

어떤 일에 대해서든 '아니오'라고만 말하면 절제하는 것이라고 착각하는 사람들이 있다. 이들은 다이어트를 할 때 아이스크림을 먹고 싶은 충동에 대해 '아니오'라고 하는 것, 결혼했기 때문에 매력적인 직장 동료의 유혹에 대해 '아니오'라고 하는 것, 당신에게 무례하게 대한 사람한테 화를 내기를 참는 것을 절제로 여긴다.

'아니오'라고 말하며 무언가를 참는 일은 절제Self-discipline가 아닌 자기통제Self-regulation다. 자기통제는 절제를 실천할 때 보여지는 한 단면에 불과하다. 절제력이 있는 사람은 자연스럽게 자기통제도 잘하게 되지만 결코 자기통제를 목표로 두지는 않는다.

저녁식사 후 아이스크림을 먹고 싶다는 유혹이 들었을 때를 생각해보자. 그에 대해 '아니오'라고 말하는 것은 자기통제다. 이와 다르게 '멋진 몸매를 만들기 위한 생활패턴을 루틴화시켰기 때문에 자연스럽게 아이스크림을 먹고 싶은 유혹을 이겨내는 것'이 절제다.

자기통제를 활용한다면 단기적인 목표는 성취할 수 있어도 장기적인 목표는 성취하기가 어렵다. 자기통제는 앞서 말한 '의지력'을 과도하게 소모시키는 자기조절 방법이기 때문이다. 반면 절제는 장기간 일생 동안에 걸쳐 당신의 행동과 결정에 영향을 주게 된다. 이러한 차이에 대해서는 뒤에서 더욱 상세히 서술할 것이다.

오해⑦ 절제를 지속하는 것은 힘들다?

물론 절제를 처음 시작하고 절제력을 키우는 단계에서는 어느 정도의 힘듦이 있기 마련이다. 그러나 이러한 힘듦이 동일한 강도로 계속해서 유지되는 것은 아니다.

이러한 오해로 인해 절제력을 기르는 데 어려움을 겪는 사람들이 아주 많다. 어떤 이들은 시작도 해보지 않고 포기해버린다. 이에 대해서는 두 가지 포인트를 지적하고자 한다.

첫째, 절제하는 삶이 어렵다면, 절제하지 않는 삶은 쉽다고 할 수 있을까? 사실 절제하지 않는 삶은 그 이면을 살펴보면 고통스럽기 그지없다. 절제력을 갖추지 않으면 우리는 유혹의 순간마다 매우 고통스러운 결정을 해야 한다. 유혹에 넘어가지 않는 것도 당연히 힘들고, 유혹에 넘어가는 것도 그것대로 힘들다.

예를 들어 저녁식사 후에 아이스크림을 먹을지 말지를 고민한다고 해보자. 유혹에 넘어가는 것은 쉽지만, 과연 그때의 마음이

편하다고 할 수 있을까? 진정으로 원하는 바를 이루지 못하는 자신에 대한 멸시감과 좌절감에 계속해서 괴로워할 것이다.

유혹에 굴복한 결과는 미래에 더 무거운 책임으로 다가온다. 매일 밤 아이스크림을 먹게 되면, 살이 찌고, 소화불량에 걸리고, 건강 문제가 불거질 것이다. 절제하지 않는 삶을 살겠다면 이러한 고통도 계산해본 것인지 따져봐야 한다.

둘째, 절제는 하면 할수록 점점 더 쉬워진다. 예를 들어 매일 아침 8시에 일어나는 습관을 5시로 당기려 한다고 해보자. 아마도 첫날에는 아침 5시에 일어나기가 힘들 것이다. 하지만 이것을 몇 주간 계속하면 아침 5시에 일어나는 것이 습관화될 것이다.

이처럼 절제를 하는 데 있어 적절한 습관과 루틴이 확립되면 유지하기가 훨씬 용이해진다.

절제력을 기르고 절제를 유지하는 것이 어려운 일일까? 올바르게 시도하면 어려움 없이 쉽게 성공에 이를 수 있다. 제2부에서는 절제를 습관화하는 방법을 단계적으로 살펴볼 수 있다.

중요한 때 고갈되어있는 의지력

당신이 바꿀 수 있는 것은 당신 자신뿐이다.
성공은 절제에서 이뤄지고, 실패는 방종에서 이뤄진다.
이것은 영원한 진리다.

| 레오나르도 다 빈치 |

앞서 절제력과 의지력이 다르다는 것을 설명한 바 있다. 간략하게 되새겨보면 의지력은 각 순간순간에 이루어지는 결정인 반면, 절제력은 당신의 습관과 루틴을 바꿔버린다고 했다. 또 절제는 일생에 걸쳐서 일어난다는 점이 다르다고 했다.

하지만 이러한 차이가 의지력이 중요하지 않다는 것을 의미하지는 않는다. 절제력을 기를 때 의지력이 많을수록 좋은 부분도 있기 때문이다. 이 사실을 염두에 두고, 의지력은 어떻게 작용하는지, 의지력의 한계는 무엇인지, 의지력을 활용하기 위해 필요한 팁은 무엇인지를 알아보자.

의지력은 어떻게 작동하는가?

의지력은 생각보다 어지럽게 작동한다. 어떠한 결정을 하기 위해 의지력을 발휘할 때, 두뇌를 들여다보면 마치 전쟁이 일어난 것만 같다. 두뇌 앞부분에 위치한 전두엽은 결정을 하거나 자기조절을 하는 기능을 관장하기에, 우리가 의지력을 발휘시킬 때 강력하게 활성화된다.

여러 선택지 중에 하나를 선택해야 할 상황, 특히 그 선택지들이 서로 반대되는 결과를 초래하는 상황일 때, 전두엽은 장기적인 결과와 단기적인 결과를 동시에 계산한다. 예를 들어 당신이 좋아하는 캔디바를 봤을 때 당신의 전두엽은, 단기적으로는 캔디바가 얼마나 맛있을지를 상상하고 장기적으로는 그 캔디바가 건강에 악영향을 줄 수 있다는 점을 고민한다.

이런 상황에서 전두엽이 장기적인 결과에 맞춘 결정을 내리는 것은 쉽지 않다. 단기적인 결과를 선택하고자 하는 욕구는 신체에서부터 들어와 두뇌 이곳저곳을 자극하기 때문이다. 이들을 몰아내기 위해서는 적지 않은 양의 에너지가 들어간다. 의지력은 이러한 방식으로 작동한다.

만약 당신의 의지력이 강하다면 캔디바를 먹으려는 유혹을 이겨낼 것이다. 만약 당신의 의지력이 약하다면 당신은 캔디바를 먹을 것이다. 겉으로 보기엔 이 과정이 간단해 보이지만, 의외로 많은 에너지가 소모된다.

한두 번이라면 몰라도 하루 종일 이러한 결정을 해야 하는 상황에 처한다면, 당신의 전두엽은 서서히 지쳐갈 것이다. 그러면 시간이 갈수록 유혹을 이겨내기가 힘들어질 것이다. 저녁 무렵이 되면 정신적으로도 감정적으로도 지쳐서 캔디바의 유혹을 이겨내기 무척 힘들어질 것이다. 여기서 의지력의 한계를 엿볼 수 있다.

의지력이 갖고 있는 문제

의지력은 자동차 연료통에 저장된 연료와 같다. 연료의 양은 사용함에 따라 점점 줄어든다. 더 많이 사용할수록 더 빨리 쓰게 된다. 결국 당신의 의지력은 고갈되고, 밤에 숙면을 취해야만 다시 채울 수 있다.

오늘 의지력을 사용한 적이 없었다고 해서 의지력이 채워져있을 것이라고 확신해서는 안 된다. 실제로는 많은 요소들이 의지력 고갈에 영향을 미치기 때문이다. 당신이 쇼핑몰에 갔을 때를 상기해보라. 수백 개의 제품들이 당신의 관심을 끌기 위해 진열되어있었을 것이다. 당신의 두뇌는 이 제품들 중에서 살 물건과 사지 말 물건을 구별하며 수많은 결정을 해야 했고, 그 때문에 의지력이 고갈되었을 것이다.

주위 환경만이 당신을 고갈시키는 것이 아니다. 수면의 질도 영향을 끼친다. 한 연구결과에 따르면 단 하룻밤만 잠을 제대로 못 자도 전두엽의 기능이 악영향을 받는 것으로 나타났다. 이게 바로 의지력이 갖는 큰 문제다. 이런 문제 때문에 우리가 의지력에만 의존해서는 충동을 이겨내고 좋은 결정을 내릴 수 없는 것이다.

장기적으로는 절제력이 의지력보다 낫다

의지력은 소모되는 자원이기 때문에 필요한 만큼 쓸 수 없다는 단점을 안고 있다. 게다가 컨트롤 불가한 요인들이 의지력 고갈에 큰 영향을 준다.

만약 어느 날 당신이 과로로 인해 탈진했다고 해보자. 당신의 의지력 탱크는 텅 비게 된다. 만약 잠을 잘못 잤다면, 숙면을 취한

날보다 의지력 탱크가 훨씬 덜 찬 상태에서 하루를 시작하게 된다. 어느 경우든지 유혹을 이겨내고, 충동을 조절하고, 감정을 조절하는 게 훨씬 더 어려워진다.

바로 이런 이유 때문에 절제력이 의지력보다 우위에 있는 것이다. 절제를 통해 무언가를 실행할 때는 전두엽의 판단에 의존하지 않는다. 실행해야 할 행동을 루틴으로 만들어 반복하면 그 루틴은 당신의 신경 루프에 새겨지게 되고, 나중에는 그 루틴이 당신의 행동을 지배하게 된다. 습관은 당신이 그에 따르는 것 그 자체로 만족감을 주기도 한다.

습관은 고갈되는 자원이 아니다. 그렇기 때문에 당신은 아침에 일어나서부터 밤에 잠이 들 때까지 습관에 의지할 수 있다. 당신은 습관 탱크가 비어있을 것이라고 걱정할 필요가 없다.

의지력을 향상시키는 세 가지 팁

비록 고갈된다는 약점을 갖고 있긴 하지만, 의지력은 습관이 생기기 전 보상 지연을 수행하는 데 매우 중요한 역할을 한다. 특히 절제력을 키워가는 과정에서는 상당한 의지력이 필요한 것이 사실이다. 그러다 절제를 통해 장기적인 습관을 확립한 뒤에는 의지력을 그다지 필요로 하지 않게 된다. 정리하자면 의지력이 능사는 아니지만, 일단은 많으면 많을수록 좋은 것이다.

그렇다면 의지력을 키우기 위해서는 어떡해야 할까? 단기적으로 효과를 볼 수 있는 의지력 향상 팁 세 가지를 소개하겠다.

첫째, 보상 결합 기법을 활용하라. 이 기법은 즉각적인 보상을 활용하여 의지력이 필요한 일을 수행하는 전략이다. 예를 들어 매일 강아지를 산책시킬 필요가 있다고 해보자. 한편으로 당신은 팟캐스트를 듣는 시간을 줄이고 싶어한다. 이 경우에 당신은 팟캐스트를 듣되, 강아지를 산책시킬 경우에만 듣도록 보상 결합을 지정할 수 있다.

둘째, 행동의 원인을 추적해보라. 유혹에 넘어가는 등 부정적인 행동을 유발시키는 신호를 찾아보고 그 신호를 최소화시켜라. 예를 들어 당신이 스트레스를 받게 될 때 정크푸드를 먹을 가능성이 높다면 정크푸드를 피하려고 무작정 애쓰기보다는, 스트레스를 받는 상황을 만들지 않도록 해보라.

셋째, 수면의 질을 높이도록 해보라말하기는 쉽지만 실천하기는 어렵다는 걸 나도 안다. 수면의 질을 높일 수 있는 몇 가지 아이디어를 제시해보겠다. 가능한 것들을 실천해보기 바란다.

- 잠자는 스케줄을 세우고 지키도록 하라. 매일 저녁 같은 시각에 잠자리에 들고, 매일 아침 같은 시각에 일어나라.
- 잠자리에 들기 수 시간 전부터는 알코올, 카페인, 과식을 피하라.
- 침대에서는 스마트폰 등 전자기기를 사용하지 마라.
- 침대에서는 텔레비전을 시청하지 마라.
- 잠자리에 들기 전에 따뜻한 물로 샤워를 하라.
- 너무 두꺼운 이불을 덮지 마라체온이 높아지면 수면에 방해가 된다.
- 침실을 어둡게 하라.

숙면에 대한 문제는 별도로 책을 써야 할 만큼 아주 큰 주제다. 하지만 나는 여기서 제시한 간단한 팁만으로도 큰 효과를 경험했다. 당신에게도 큰 효과가 있을 것이라고 장담한다.

지금까지 의지력과 절제력은 어떻게 다른지, 어떻게 의지력을 키울지에 대해 알아봤다. 자, 그럼 지금부터는 동기부여에 대해 살펴보자.

07

시시각각 흔들리는 동기부여

매일 제멋대로 살면서 동기부여가 되길 바라지 마라.
그런 일은 일어나지 않는다. 동기부여를 믿지 말고, 절제력을 믿어라.
| 조코 윌링크 |

동기부여Motivation는 당신이 해야 할 행동을 유발시킨다. 동기부여는 설령 당신이 만족스럽지 못한 상황에 있더라도 기꺼이 그 행동을 하고 싶게끔 부추긴다. 동기부여는 당신이 피할 수 없는 상황에 처했을 때 무언가 행동을 취하도록 압력을 넣는다.

이러한 동기부여는 목표를 성취하는 데 있어서 무척이나 중요하다. 나는 지금부터 동기부여를 어떻게 활용해야 하는지를 보여줄 것이다. 하지만 동시에 동기부여의 중요성이 너무 과장되어 있다는 점도 짚어줄 것이다. 의지력과 마찬가지로 동기부여 또한 여러 관점에서 한계를 드러내기에, 신뢰하기 힘든 측면이 있다.

동기부여는 어떻게 작동하는가?

동기부여란 기본적으로 '어떠한 행동을 하고 싶은 마음'이다. 당신은 왜 다이어트를 하게 되었는가? 살을 빼서 건강해지고 싶은 마음, 더 멋있게 보이고 싶은 마음, 자신감을 키우고 싶은 마음 때문일 것이다. 당신은 왜 일기를 쓰게 되었는가? 스트레스를 낮추고 싶은 마음, 나중에 보기 위해 기록해두려는 마음, 부정적인 감정을 극복하고 싶은 마음 때문일 것이다.

이처럼 무언가를 성취하고자 하는 행동의 중심에는 동기부여가 있다. 자신이 원하는 목표를 설정하고 그것을 위해 현재 어떤 행동을 해야 하는지 탐색 및 결정하는 과정은 동기부여에 의해 이뤄진다. 그렇기에 동기부여 없이 절제란 있을 수 없다.

우리의 삶에는 매우 다양한 종류의 동기부여가 있는데, 그것들은 크게 외부적인 것과 내부적인 것으로 나눌 수 있다.

부모는 어린 자녀의 행동과 결정에 지대한 영향을 미친다. 좋은 행동을 하면 칭찬을 하고, 나쁜 행동을 하면 벌을 준다. 교사들도 비슷한 형태로 어린 학생들에게 영향력을 행사한다. 때문에 아이들은 부모나 교사의 기대에 부응하겠다는 동기부여로 인해 자신의 행동을 바꾸기도 한다.

이러한 요인들은 시간이 지나면서 바뀌게 된다. 아이가 성장함에 따라 부모와 교사의 영향력은 줄어든다. 성인이 되고 나면 부모나 교사의 영향력은 무시할 정도가 된다. 반면에 다른 인간관계, 금전적 이익의 영향력이 커지게 된다. 이들에 맞춰 행동하고자 하는 동기부여가 생기는 것이다.

이처럼 타인의 의향, 외부 상황에 의해 어떠한 행동을 할 마음을 얻는 것을 '외적 동기부여'라 한다. 외적 동기부여는 자신이 처한 환경에 직접적인 영향을 받기에, 시간이 지남에 따라 계속해서 바뀌는 것이 특징이다. 또한 외적 동기부여는 그 행동의 결과가 명확한 경우가 대부분이다. 그 행동으로 인해 주어지는 상이나 벌에 많은 가치가 부여될수록 강하게 작용한다.

이와 달리 '내적 동기부여'는 우리의 마음속에서부터 나온다. 어떠한 행동을 하고 싶은 마음이 실질적인 손익과 상관없이 심적인 보상에 있는 것이다. 여기에는 신념, 가치관, 직관적인 호불호, 혹은 이들과 관련된 목표나 감정 등이 포함된다. 이런 요소들은 당신의 정체성Identity에 직결되어있기도 하다.

예를 들어 당신이 정원을 가꾸는 것은 예쁜 정원을 보면 행복해지기 때문이다. 친구가 이사할 때 도와주는 것은 그렇게 하면 마음이 기쁘기 때문이다. 정크푸드를 멀리하는 이유는 그렇게 하면 기분이 편해지기 때문이다. 같은 행동을 하더라도 외적인 보상에 의해서가 아니라, 자신의 느낌에 의해 그 행동을 할 마음을 얻으면 내적 동기부여라 할 수 있다.

살다보면 두 가지 형태의 동기부여를 모두 맞닥뜨리게 된다. 하지만 대개의 경우 당신의 정체성에 부합하는 내적 동기부여가 외적 동기부여보다 더 강하게 작용한다.

예를 들어 진실성이 당신의 정체성이라면, 어떤 상황에 처하더라도 진실되게 행동하고자 하는 동기부여를 느낄 것이다. 반면 특정한 신용카드를 사용하면 항공 마일리지를 준다고 할 때 생기는 동기부여는 당신에게 비교적 덜 영향을 끼치게 된다.

동기부여만으로는 아무것도 할 수 없다

동기부여 없이 목표를 쟁취하는 것은 불가능하다. 동기부여는 그 목표를 이루고자 하는 우리의 욕구이자 관념적인 목적의식 자체이기 때문이다. 그러나 동기부여만으로는 우리가 원하는 목표를 쟁취할 수 없다. 절제력을 키우는 과정에서는 이러한 동기부여의 역할을 정확히 인식하는 것이 필요하다.

돈을 모으겠다는 동기부여가 있으면서도 간신히 소비지출 균형을 맞추면서 살아가는 사람들은 왜 그럴까? 멋진 몸매를 만들겠다는 동기부여가 있으면서도 운동하러나가지 않고 계속 잠만 자는 사람들은 왜 그럴까? 직장에서 승진하고 싶다는 동기부여가 있으면서도 마지못해 최소한의 시간만 채워 일하는 사람들은 왜 그럴까? 이런 예시들은 동기부여 자체만으로는 아무것도 할 수 없다는 것을 말해준다.

동기부여는 어디까지나 일시적인 '마음의 상태'라는 사실을 기억해야 한다. 동기부여는 어떤 행동을 하기 위한 방향을 잡아주기는 하지만, 그걸 행동으로 실천시켜주지는 않는다.

좀 더 정확한 이해를 위해 동기부여Motivation와 의지력Willpower을 비교해보겠다. 앞서 의지력은 탱크 안에 들어있는 연료와 같이 사용함에 따라 점점 고갈된다고 설명한 것을 기억할 것이다. 의지력과 마찬가지로 동기부여 또한 점점 고갈되는 자원이다. 따라서 장기간에 걸쳐 지속적으로 동기부여를 느끼는 것은 불가능하다.

동기부여는 여기서 더 나아가, 때때로 우리에게 찾아오는 외적 충격과 순간적인 감정에 의해 아예 사라져버리기도 한다. 의지력과 같이 소진의 과정을 거치는 것이 아닌 순식간에 소멸해버리는 것이다. 다시 말해 가끔은 우리 스스로가 그때그때의 감정 상태에 따라 동기부여를 거부하기도 한다. 이런 치명적인 약점이 동기부여를 신뢰할 수 없게 만든다.

우리의 마음은 다음과 같은 요인들에 의해 순간적으로 큰 영향을 받기가 쉽다.

- 스트레스
- 분노
- 정신적 트라우마
- 자기비판
- 지루함
- 수면 부족
- 압도된 느낌

- 두려움
- 감정적 고갈
- 자기 회의
- 가면 증후군
- 번아웃
- 허기짐

위와 같은 요소들은 동기부여에 악영향을 끼친다. 동기부여가 생기더라도 그에 따른 행동을 취하지 못하도록 방해하는가 하면 동기부여 자체의 생성을 막는다. 이런 요소들 때문에 무언가를 성취해낼 수 있다는 영감에 휩싸여 있으면서도 결과를 내지 못하는 것이다.

부정적 동기부여의 발현

일반적으로 사람들은 동기부여의 긍정적인 측면만 보려하는 경향이 있다. 동기부여가 되면 낙관과 자신에 넘쳐서 어떤 일을 의욕적으로 수행한다. '꿈을 이룬다'거나 '열정에 따른다'는 생각에 힘을 받는다. 원하는 바를 이루기 위해 행동하는 데서 에너지가 충전되는 것을 느낀다.

하지만 이러한 장밋빛 겉모습 속에는 동기부여의 어두운 측면이 감춰져있다. 동기부여는 영감, 열정, 낙관주의, 자신감과 같은 긍정적인 감정에 관련되어 나오기도 하지만, 두려움, 분노, 질투심, 증오와 같은 '부정적인 감정'에 관련되어 나올 수도 있기 때문이다. 이처럼 부정적인 감정을 통해서 만들어진 동기부여를 '부정적 동기부여'라 한다.

부정적 동기부여는 그 자체만 놓고 보면 우리의 목표를 이루는 데 나름의 원동력이 되기도 한다. 그러나 부정적 동기부여의 근원인 부정적인 감정은 합리적인 사고를 막는다는 부작용이 있다. 그 결과 당신으로 하여금 골치 아프고 무모한 행동을 하도록 부추긴다. 장기적으로 보면 부정적 동기부여는 목표와 열망을 이루는 데에 방해가 된다.

부정적 동기부여는 경우에 따라 더 강한 추진력을 발휘하기도 한다. 어떤 사람은 두려움이나 자기 회의, 정신적 트라우마 등으로 인해, 무언가를 참는 보상 지연을 더 지독하게 수행할 수 있을 것이다. 이처럼 강박적인 태도로도 목표를 달성하거나 일정한 성과를 낼 수는 있다.

그러나 부정적 동기부여가 초래한 결과들은 장기적으로 봤을 때 별로 바람직하지 않거나 또 다른 문제를 초래하는 경우가 대부분이다.

예를 들어 어떤 직장인이 회사에서 잘릴까봐 노심초사 하고 있다고 가정해보자. 이 두려움으로 인해 부정적 동기부여가 발현되어, 단기적으로는 성과를 내지만 장기적인 경력에 지장을 초래하는 행동을 취할 수 있다.

또 다른 예시로 거울 속에 비친 자신의 모습에 혐오감을 느꼈다고 가정해보자. 그 혐오감에서 비롯된 부정적 동기부여로 인해, 건강한 습관을 통해 멋진 몸매를 만들기보다 건강을 해치는 '미친

다이어트'에 빠질 수도 있다.

　부정적 동기부여를 통해 원하는 목표를 성취하더라도 두려움, 혐오, 분노, 수치심 같은 감정들에 오랜 기간 노출되면 정신과 육체가 해를 입게 된다. 그러면 긍정적인 사고가 무너지게 되고, 열망을 조소하는 비관주의가 득세하게 될 것이다. 이는 우리의 삶과 행복을 짓밟는다.

동기부여를 유지시키는 세 가지 팁

동기부여는 행동을 이끌어내는 원천이기에 절제력을 키우는 데 필수적인 도구다. 그러나 유지되는 시간이 짧고 불안정하기에 신뢰할 수 없다는 약점을 갖고 있다. 그렇기에 우리는 초기단계에선 동기부여에 의지하되 장기적으로는 '절제'를 통해 원하는 바를 이뤄가야 한다.

　절제의 습관이 갖춰질 때까지 동기부여가 유지된다면 좋겠지만 그렇지 않은 경우도 있을 것이다. 이때 막연히 동기부여가 유지되길 기대하기보다는, 다음 세 가지 팁을 활용하여 동기부여를 가능한 오랜 기간 유지시키는 것이 좋다. 팁들은 변덕스러운 동기부여를 가능한 오랜 기간 유지시키는 방법에 초점이 맞춰져있다.

첫째, 성취하고자 하는 바가 무엇인지와 그것을 위해 어떻게 행동해야 하는지를 명확하게, 구체적으로 정의하라. 이렇게 하면 자신의 목적과 행동의 이유를 항시 명심할 수 있어 동기부여가 견고해진다.

예를 들어 그냥 '살을 빼겠다'라고만 하면 동기부여가 금방 식어버릴 가능성이 크다. 그보다는 '설탕이 들어간 음식을 먹지 않음으로써 10kg을 빼서 올여름에는 사람들에게 멋진 몸매를 선보이도록 하겠다'라고 해야 동기부여가 더더욱 오래갈 수 있다.

둘째, '시작 루틴'을 만들어라. 시작 루틴이란 본격적인 행동에 들어가기 전에 하는 예열 과정이라고 생각하면 된다. 본격적인 행동을 하기 전 시작 루틴만 수행해도 적절한 동기부여가 이뤄진다.

예를 들어 어떤 기타리스트가 매일 일정 시간 동안 작곡을 하기로 결심했다고 해보자. 기타리스트는 작곡을 하기 전 집안의 특정 공간을 서성이면서 떠오르는 리듬을 흥얼거리는 시작 루틴을 가질 수 있다. 리듬을 흥얼거리면 기타를 치고 싶어지고 그러다보면 악보를 쓰고 싶어지는 동기부여가 일어난다.

셋째, '타임블록Time-block'을 활용하라. 타임블록이란 정해진 시간동안에는 무조건 그 일을 하도록 일과를 설정하는 것이다. 이러한 타임블록을 일정 플래너에 표시하여 잊지 않도록 함은 물론 다른 일정으로 인해 미뤄지지 않도록 하라. 이렇게 하면 정해진 시간이 될 때마다 동기부여가 이뤄진다.

많은 사람들이 동기부여가 있어야 행동이 가능하다는 고정관념을 갖고 있다. 그러나 오히려 반대로 행동이 동기부여에 선행하는 경우가 더 많다. 일단 행동을 시작하고 나면, 그 행동을 왜 해야 하는지 이유가 생각나고 동기부여가 이뤄진다. 그러면 그 행동을 계속하기가 더 쉬워진다.

예를 들어 당신이 소설을 쓰고 있는데, 영감이 떠오르지 않는다고 가정해보라. 앞에 놓인 빈 종이가 당신을 비웃는 것 같다. 벽시계의 째깍거리는 소리도 당신을 놀리는 것 같다. 그럴 경우에 일단 첫 장면을 무조건 써라. 대사를 쓰고, 에필로그를 써라. 뭔가를 시작하면 동기부여는 따라올 것이다.

동기부여는 절제에 비해 변덕스럽고 잘 변하는 특성을 갖고 있다. 하지만 여기서 제시한 팁을 활용하면 동기부여를 지렛대로 사용하는 법을 터득할 수 있을 것이다.

08

절제를 방해하는 장애물들

●

비관론자에게는 걸림돌인 것이,
낙관론자에게는 디딤돌이 된다.

| 엘리너 루스벨트 |

사실 절제력을 키우고 일생 동안 절제력을 유지하는 것은 무척 복
잡한 일이다. 당신은 매일 당신의 노력을 약화시키는 수많은 상황
에 직면할 것이다. 계속해서 당신의 결심을 약화시키고 목표를 수
정하도록 유혹하는 충동이 생길 것이다.

따라서 절제력을 키우려면 먼저 절제력을 키우기에 유리한 고
지를 확보해야 한다. 그러기 위해서는 우선 절제력을 키우다 맞닥
뜨리게 되는 장애물들을 파악하고, 그 장애물들을 어떻게 배격할

것인지를 모색해야 한다.

이제부터 당신의 목적 달성을 위태롭게 만들 여덟 개의 가장 큰 장애물들에 대해 설명하겠다. 그리고 그 장애물들을 제거하는 몇 가지 실질적인 팁을 제시하겠다.

장애물① 부정적인 성향

모든 인간은 기본적으로 부정적인 성향이 내장되어 있다. 부정적인 상황이 긍정적인 상황보다 인간의 생존에 더 큰 영향을 주기에 우리는 부정적인 상황에 더 주목하도록 진화했다그래서 뉴스에 부정적인 소식이 많다.

이런 부정적인 성향은 절제력에 악영향을 준다. 우리로 하여금 이성적으로 행동하지 못하도록 만들기 때문이다. 이런 때에 충동이나 욕구가 엄습하면 조절능력을 잃고 잘못 판단하여 잘못된 결정을 내리게 된다.

부정적인 성향은 바이러스처럼 당신의 생각과 감정, 태도를 감염시킨다. 그리하여 당신의 의지력을 약화시키고, 동기부여를 몰아낸다.

부정적인 성향을 해결하는 방법은 다음과 같다.

첫째, 당신 삶에서 부정적인 요소들을 몰아내라. 그러기 위해서는 자극적인 시사뉴스와 분노를 유발하는 팟캐스트를 접하지 말아야 한다. 인간관계에서는 우울하고 패배적이고, 운명론적인 성향을 지닌 사람들을 멀리 하라.

둘째, 살면서 마주하는 모든 일의 긍정적인 면에 초점을 맞춰라. 당신을 즐겁게 만드는 좋은 일들에 감사하라. 위기의 상황에서도 밝은 희망을 찾도록 노력하라. 자기비하 대신에 자신에게 긍정적인 암시를 보내라.

셋째, 주변인들에 대한 모든 종류의 가십을 피해라. 가깝지 않은 타인의 사적 영역에 지나치게 관심을 갖지 말라.

장애물② 비현실적인 목표

단계적인 목표 달성은 우리의 동기부여를 자극하는 중요한 요소 중 하나다. 일단 적정한 수준의 목표를 성취하게 되면 '할 수 있다'는 자신감과 만족감을 느끼게 된다. 이는 우리 앞에 놓인 장애물을 뚫고 더 고차원적인 목표로 나아갈 수 있게 하는 원동력이 된다.

그러나 우리가 달성할 수 없는 비현실적인 목표를 설정한다면 이 모든 과정을 망치게 된다. 작은 성공을 통해 자신감과 만족감을 경험하는 대신, 패배감과 무력감을 느끼게 된다. 반복해서 이러한 상황에 놓이면 우리는 심적인 추진력을 잃게 된다.

당신이 비현실적인 목표를 이루고자 하고 있다면 다음과 같이 해결해야 한다.

전체적으로는 비현실적인 목표라 하더라도, 목표 달성 과정을 작은 단계로 나눠라. 그리고 각 단계에 맞춰 달성 가능한 목표를 세워라.

예를 들어 소설을 쓰겠다는 거창한 계획을 세우는 대신 소설을 구성하는 장들을 쓰는 것을 목표로 정하라. 20kg을 뺀다는 목표를 세우는 대신 일주일에 0.5kg을 뺀다는 목표를 세워라. 처음부터 10억 원의 매출을 올리겠다는 목표를 세우는 대신에 첫 번째 달에 5,000만 원을 벌겠다는 계획을 세워라.

장애물③ 부정확한 목표

부정확한 목표는 비현실적인 목표보다 해롭다. 부정확한 목표는 그것을 성취하기 위해 어떤 행동을 해야 하는지나 어느 정도 해야 하는지 등, 행동의 범위를 모호하게 만들기 때문이다. 그러면 목표의 달성 정도를 추적하고 정량화하는 것이 어려워진다.

목표의 달성률을 파악하지 못하면 쓸데없이 큰 노력을 발휘하게 되는 경우가 잦아진다. 50의 노력만 발휘해도 되는 날에 100의 노력을 발휘하는 것이다. 이런 상황이 반복되면 우리는 점차 부정확한 목표에 압도되어 절제력을 잃고 포기하게 된다.

예를 들어 '부자가 되겠다'는 목표를 세웠다고 가정해보자. 매달 열심히 일하고 저축하고 투자를 한들, 목표를 얼마나 성취했는지를 어떻게 측정할 수 있겠는가? 목표대로 잘 진행되고 있는지 어떻게 확인할 수 있겠는가? 언제쯤 '부자가 되었다'고 인정할 수 있겠는가?

당신의 노력을 입증해주는 구체적이고 객관적인 승리의 지표가 없기 때문에 정말로 잘 나아가고 있는지를 알 수가 없다. 그러면 당신의 동기부여와 의지력이 점차 약해지다가 결국 포기하게 된다.

부정확한 목표를 구체화시키는 방법은 다음과 같다.

확실한 목표를 세우고 진전 상황을 측정할 수 있도록 명확한 지표를 만들어라. '부자가 되겠다'는 목표 대신 2,000만 원을 모으겠다는 목표를 세우는 식이다우선 2,000만 원을 모으고 나서 점진적으로 목표 금액을 높여도 된다.

또한 목표를 달성할 날짜를 정해라. 그 다음에는 목표를 달성해 나가는 시간을 측정할 수 있는 지표를 만들어라. 2,000만 원을 모으는 목표 달성 기한을 지금부터 2년 후로 정했다고 가정하자. 매달 75만 원을 모아서 믿을 만한 인덱스 펀드에 투자해 돈을 모을 수 있다. 이런 경우 매달 75만 원을 아껴 투자할 수 있었는지가, 목표를 향해 나아가고 있는지를 판단하는 측정 지표가 된다. 이렇게 하면 매달 조그만 성공을 경험하는 동시에 소비 습관에 대한 절제 정도를 측정할 수 있게 된다.

장애물④ 너무 많은 선택지

일반적으로 선택지가 많은 것은 좋은 것이라 여겨진다. 하지만 절제력을 기를 때는 선택지가 너무 많으면 좋지 않다. 너무 많은 선택지는 결정장애를 유발시켜서 당신의 정신적 고갈을 불러오고 유혹에 대한 저항능력을 저하시킨다. 알코올 중독을 치유할 때 술집을 멀리하도록 조언하는 이유가 바로 이 때문이다.

일단 절제력을 키우고 나서 충동을 관리할 수 있는 능력을 갖춘 다음에는, 선택지가 많은 것이 큰 문제가 되지 않는다. 당신이 스스로 조절할 수 있기 때문이다. 이때는 나쁜 습관에 다시 빠져들 염려 없이 지속적으로 충동적 욕구를 거부할 수 있게 된다.

예를 들어 당신이 다이어트를 위해 설탕을 안 먹으려 한다고 가정해보자. 식료품 가게에서 캔디가 진열된 곳으로 걸어갔더니 수많은 종류의 캔디가 당신을 간절하게 바라보고 있다. 설탕을 먹지 않기로 결심한 것이 최근이라면 이런 행동은 위험하다. 당신은 캔디를 먹을지 말지를 고민하는 것이 아닌, 어떤 캔디를 먹을지를 고민하고 있게 된다.

이에 대한 해결 방법은 다음과 같다.

선택지를 줄이고 선택지가 많은 상황을 피해야 한다. 이제 막 절제력을 키우고 있는 상황이라면 충동 조절능력이 약하거나, 의지력이 고갈되어있을 수 있다. 선택지가 많은 상황을 최대한 피하는 것이 답이다.

예를 들어 다이어트 중이라면 식료품 가게의 캔디 진열장은 피해라. 돈을 모으려고 하고 있다면 꼭 필요한 물건이 있는 게 아닌 한, 소매점 방문을 삼가라. 공부하기를 원하는데 당신이 산만해지는 경향이 있다면, 소음이 많은 장소는 피하라.

시작 단계에서 선택지를 줄이게 되면 절제력을 기르는 데 도움이 된다. 나중에 자신이 능숙하게 절제를 할 수 있게 되었다고 판단될 때가 오면, 자신의 절제력을 가늠해보기 위해 선택지를 늘려볼 수도 있다.

장애물⑤ 충동에 약한 자기인식

당신 스스로가 자신을 어떤 사람으로 인식하고 있는지는 당신의 결정, 행동, 처신에 지대한 영향을 준다. 연구결과에 따르면, 당신은 당신이 과거에 취한 선택, 행동, 처신대로 당신 스스로를 인식한다. 이렇게 만들어진 '자기인식Self-identity'은 현재의 당신이 어떠한 결정을 하는지에 지대한 영향을 미친다.

예를 들어 그동안 당신이 정크푸드에 대한 유혹을 계속해서 이겨내지 못해왔다면, 당신은 스스로를 그런 사람이라고 여기고 있을 것이다. 이런 자기인식은 앞으로 당신이 정크푸드에서 벗어나지 못할 가능성을 더 크게 만든다.

자기인식은 좋은 방향으로도 작용한다. 만약 당신이 정크푸드의 유혹을 계속해서 이겨내왔다면, 당신은 스스로를 '정크푸드 유혹을 이겨낼 수 있는 사람'이라고 여기기 시작할 것이다. 이렇게 되면 당신이 유혹을 이겨낼 가능성은 더욱 커진다^{연구결과도 이를 뒷받침한다}.

나쁜 자기인식을 없애고 좋은 자기인식을 들이는 방법은 다음과 같다.

'자기이미지^{Self-image}'를 바꾸고 그걸 강화하는 조치를 취해라. 그동안 주로 앉아서 생활해온 당신이 운동을 시작하려 한다고 해보자. 당신이 생각하는 자기 자신의 이미지는 소파에서 앉아 TV만 보는 사람으로 되어있을 것이다.

지금부터 운동하는 사람의 이미지를 자신에게 덧씌워보라. 그냥 바로 운동에 나서지 마라. 마음속에서 '나는 매일 운동을 하는 사람'이라는 이미지를 먼저 만들어야 한다.

그 다음 새로운 이미지에 맞는 행동 계획을 세워라. 그 행동 계획에는 조깅화를 착용하기, 스트레칭하기, 활발하게 움직이기, 10분 동안 걷기 등 작은 시도들이 포함될 수 있다. 쉬운 일이지만, 이 작은 시도들이 당신이 만든 새로운 자기이미지를 강화시켜나간다.

이런 시도들이 쌓이면서 일상의 루틴이 만들어지고 새로운 자기인식이 형성된다. 그렇게 되면 충동을 조절하는 일이 훨씬 더 쉬워진다.

장애물⑥ 감정습관

아이들은 자라나면서 점차 어떤 감정에 대해 어떤 식으로 반응해야 한다는 것을 깨닫게 된다. 수년 간 이런 반응을 반복하다보면 그 반응은 습관으로 굳어진다.

이러한 '감정습관Emotional Habit'은 대부분 부정적인 감정 상태에 뿌리를 두고 있다. 예를 들어 당신은 불안해지면 먹는다든가, 의기소침해지면 할 일을 미룬다든가, 불행하다고 느끼면 여기저기 전화를 하는 등의 습관을 갖고 있을지도 모른다. 무료해지면 쓸데없는 쇼핑에 빠져드는 습관을 가지고 있을 수도 있다. 또 화가 나면 거칠게 운전하는 습관이 있거나, 두려움을 느끼면 오히려 용감한 척 행동하는 습관을 갖고 있을 수도 있다.

이처럼 감정습관은 당신이 스트레스를 받았을 때 당신을 편안하게 만드는 방향으로 작동한다. 좀 더 깊게 설명하자면 스트레스를 받으면 우리의 뇌는 코르티솔이라는 호르몬을 분비시키는데, 이 코르티솔이 당신의 뇌를 편안하게 만드는 선택을 강제시킨다. 뇌는 습관을 반복할 때 도파민을 분비시키므로 코르티솔이 분비된 상황에서는 습관에 따른 행동이 나오는 것이다.

감정습관이 마음속 깊이 뿌리를 내리게 되면, 생각할 새 없이 저절로 반응이 튀어나오게 된다. 여기서 중요한 점은 이런 감정습관이 절제에 악영향을 준다는 사실이다. 부정적인 감정이든 긍정적인 감정이든 가다듬어지지 않은 감정습관은 당신으로 하여금 충동에 대한 조절능력을 포기하도록 만든다.

나쁜 감정습관을 처리하려면 감정적인 상태에서도 충동 조절을 유지하는 새로운 습관을 만들어야 한다. 여기서 제시하는 네 단계 실행 방법을 참고하라.

1. 어떠한 감정과 어떠한 습관이 결부되어있는지를 파악하고 연결고리를 끊어야 한다는 것을 인식하라불안해지면 정크푸드를 먹는 등의 습관.
2. 나쁜 습관을 대체할 새로운 행동을 선택하라불안해지면 정크푸드를 먹는 대신에 심호흡을 하는 것.
3. 내면에서 부정적인 감정이 머리를 쳐들 때마다 새로운 행동을 시도하라.
4. 새로운 행동을 성공적으로 실천하면 그에 따른 보상을 하라.

새로운 습관을 들이는 작업은 상당히 심혈을 기울여야 하는 일이다. 절제를 하는 데 있어 습관은 매우 중요한 위치에 존재하기 때문이다. 자칫 잘못하면 잘못된 습관이 생길 수 있다.

장애물⑦ 현재 자아 편애

이 부분에 대해서는 앞서 '왜 절제력이 중요한지'를 설명하면서 언급한 바 있다. 다시 말하자면 인간은 누구나 미래에 주어지는 보상보다는 현재의 보상에 더 큰 가치를 두는 성향이 있다. 이러한 '현재 자아 편애Present Self Favoritism'는 인간이면 누구나 갖고 있는 특성이다.

우리는 미래에 경험할 자신보다는 현재에 경험하고 있는 자신에 훨씬 더 큰 관심을 둔다. 미래에 건강 문제를 겪게 될 자신을 걱정하지 않고 현재에 정크푸드를 먹는 자신을 좋아한다. 재정적 문제를 겪게 될 자신을 개의치 않고 돈을 낭비하는 자신을 좋아한다. 교통사고를 일으킬 수도 있는 자신을 생각하지 않고 난폭운전을 하는 자신을 용인한다.

우리는 현재 상태에 더 우선순위를 두는 성향이 있기 때문에, 장기적인 보상을 받기 위한 행동을 하지 않는다. 결정에 따를 결과를 알고는 있지만, 여전히 도넛을 사먹고 최신 스마트폰을 사고 업무시간에 SNS를 한다. 이러한 현재 자아 편애는 당연히 절제력을 키우는 데 걸림돌로 작용한다.

현재 자아 편애 성향을 해결하는 방법은 다음과 같다.

현재 자아가 즉각적인 행동을 벌일 수 없도록 방해하라. 물론 현재 자아가 일으키는 충동을 스스로 조절할 수 있다면 좋겠지만, 그것이 어렵다면 현재 자아가 목적을 달성시킬 수 없게, 현재 자아의 행동을 제한하는 환경을 만드는 게 중요하다.

예를 들어 현재 자아의 욕구 충족을 막기 위해 집안에서 모든 정크푸드를 몰아낼 수 있다. 무책임하게 돈을 투자하는 현재 자아의 소비 성향을 막기 위해 자동 투자 프로그램을 시작하라. 정신을 산만하게 만드는 웹사이트에서 시간 낭비를 방지하기 위해 웹사이트 광고 차단 프로그램을 설치하라.

절제력이 강해지면 현재 자아의 충동적인 성향도 완화될 것이다. 하지만 절제력을 키우는 초기단계에서는 현재 자아의 활동을 방해하는 것이 충동 해결에 도움을 준다.

장애물⑧ 수치심

수치심은 심신을 쇠약하게 만들 수 있다. 수치심은 당신이 행한 과거의 실수, 과거의 잘못된 행동, 과거의 단점을 당신의 본모습으로 인식하게 만들 수 있다.

이처럼 수치스러운 감정에 집착하는 행위는 당신의 동기부여를 약화시키고, 보상 지연을 수행할 의지력을 손상시킨다.

그런데도 많은 사람들이 절제력을 기르는 데 수치심을 활용한다. 그들이 만약 다이어트 중에 도넛을 먹었다면, 그들은 그것을 한순간의 판단착오가 아니라 심각하게 비판을 받아야 할 일로 치부한다. 돈을 모으겠다고 하면서 쓸데없이 낭비를 하는 것은 일시적인 직무유기가 아니라 자기 비난을 받아야 할 일로 여긴다.

하지만 수치심은 절제에 도움이 되지 않는다. 단기적으로는 충동 조절과 자기통제에 도움을 줄 수 있지만, 수치심은 언제나 부정적 감정을 몰고 온다. 수치심은 죄책감, 분노, 우울감을 일으키고 거기에 불을 지핀다. 수치심은 당신이 일어설 수 있도록 자극을 주는 대신에, 잘못한 점을 찾아내어 분함을 느끼고 낙심하도록 만든다.

수치심은 더더욱 어두운 측면도 지니고 있다. 우리는 때때로 다른 사람에게는 물론, 자기 자신한테도 감추고 싶을 정도로 당혹스러운 실수를 할 때가 있다. 이런 경우에 수치심으로 인해 그 사실을 받아들이길 거부하면, 이후 그 문제는 똑같이 반복되어 완전히 해결할 수 없게 된다.

예를 들어 정크푸드를 먹으면서도 무엇 때문에 정크푸드를 먹는지를 알아채지 못하게 된다. 쓸모없는 물건을 사는 데 왜 돈을 낭비하는지 알아채지 못하게 된다. 어떤 경우에는 수치심이 너무 커져서 우리 자신의 정체성과 목표조차 제대로 인식하지 못하게 만들기도 한다.

수치심을 해결하는 방법은 다음과 같다.

당신이 때때로 실수할 수 있다는 점을 인정하라. 실수를 했을 경우에는 그 실수를 털어내고 나서 가던 길을 계속 가라.

수치심은 누구나 느낄 수 있다. 우리 모두는 선택을 한다. 그 선택은 나중에 후회할 만한 것으로 판명날 수도 있기 때문에 어느 정도는 수치심을 느낄 수 밖에 없다. 수치심은 피할 수 없다. 어찌 보면 인간 속성의 한 부분이다.

수치심을 유발한 일에 대해 너무 집착하기보다는 일어난 일을 받아들이고 똑바로 대면해야 한다. 실수는 피할 수 없지만 또 해결 가능하기도 하다. 미래의 실수를 막는 비결은 우리가 그 실수를 했다는 사실을 인정하는 것뿐이다.

당신은 종종 충동적으로 행동할 것이다. 당신의 의지와는 상관없이 이리저리 흔들릴 것이다. 때로는 당신의 절제력과 좋은 습관이 흔들릴 것이다. 그러나 그 행동과 행동의 원인을 숨기지 말고 명확히 인식하라. 그리고 수용하라. 이후 당신 자신을 용서하고, 다음에는 더 잘하도록 독려하면서 앞으로 나아가라.

이번 장은 상당히 길게 진행되었다. 그러나 여기서 다룬 내용은 매우 중요하다. 장애물을 극복하는 유일한 방법은 장애물이 무엇인지를 제대로 아는 것뿐이기 때문이다. 절제력을 키우는 데 있어서도 이러한 지점을 견지하는 것이 아주 중요하다. 미리 알고 있으면 다 대처할 수 있다.

제2부

절제력 향상 10단계

힘은 다른 사람을 굴복시키지만,
진정한 힘은 자기 자신을 굴복시킨다.
- 라오 추 -

제1부는 기초를 다지는 구간이었다. 절제력을 키우기 위해 알아야 할 기초적인 개념들에 대해 공부했다.

제2부에서는 앞서 배운 내용들을 토대로 실전 연습에 들어갈 것이다. 이제부터 진짜 작업이 시작되는 것이다.

곧바로 절제력을 키우기 위한 10단계 과정을 소개할 것이다. 각 장마다 절제력을 키우는 데 필요한 도구와 그 도구를 실행하는 팁을 제공한다. 이를 통해 당신의 삶에 획기적인 변화가 일어나도록 만들 것이다. 제2부를 마치고 나면, 충동을 성공적으로 조절하고 생각과 감정을 제대로 관리할 수 있게 되어 목표 달성을 향해 나아갈 수 있게 될 것이다.

본격적인 설명을 시작하기 전에 간단한 주의사항이 한 가지 있다. 각 장에는 '절제 연습'이라는 연습 과정이 포함되어있다. 연습 과정을 수행하면 해당 장에서 배웠던 팁과 조언을 익히는 데 도움이 될 것이다. 책을 읽으면서 동시에 연습 과정을 모두 완수하기 바란다.

연습 과정은 간단하고, 쉽고, 몇 분 안에 마칠 수 있다. 하지만 그럼에도 불구하고 연습 과정을 건너뛰고 싶은 유혹에 빠질 수 있을 것이다. 중요한 점은 연습 과정이, 절제를 통해 당신의 삶을 바꿔나가는 과정 그 자체라는 점이다.

새로운 루틴, 습관, 시스템을 키우는 데 있어서 실제 응용보다 더 중요한 것은 없다는 점을 명심하기 바란다. 실제로 연습 과정을 실행해보면 그 원리를 이해할 수 있다.

자, 그럼 1단계부터 시작해보자.

작지만 달성 가능한 목표를 세워라

———————————— • ————————————

절제란 지금 당장 원하는 것과
가장 크게 원하는 것 중에서 선택하는 것이다.
| 아브라함 링컨 |

대부분의 사람들은 장기적인 목표를 갖고 살아간다. 장기적인 목
표란 5년, 10년, 또는 그보다 더 오랜 기간에 걸쳐 성취하고자 하
는 목표를 가리킨다. 장기적인 목표는 현재 내가 살아가야 할 방
향을 제시해준다는 점에서도 중요하다.

그러나 장기적인 목표를 이룩하는 데는 두 가지 난점이 있다.
첫째, 장기적인 목표는 너무 크고 높아 비현실적으로 느껴지는 경
향이 있다. 둘째, 장기적인 목표는 너무 멀리 있기 때문에 미뤄지

기 쉽다. 이런 난점들로 인해 장기적인 목표만으로는 절제를 발휘하기가 쉽지 않다.

예를 들어 당신이 20년 내에 집을 사겠다는 꿈을 갖고 있다고 가정해보자. 그 꿈은 충분히 가치가 있고 추구할 만하다. 하지만 집을 사는 데 들어가는 비용은 너무 크기 때문에 당신의 일상과는 관련이 없는 것처럼 느껴진다. 게다가 20년은 너무 먼 미래의 일이기 때문에 무시되기 쉽다.

장기적인 목표는 충동 조절과 보상 지연에도 도움이 되지 않는다. 목표를 추구하기 위한 행동을 이끌어내는 힘도 약하다. 장기적인 목표만 추종하는 행위는 오히려 절제력을 약화시키기도 한다. '꿈은 꿈에 불과하다'고 하는 말은 전혀 헛말이 아니다.

단기적인 목표의 힘

단기적인 목표는 장기적인 목표에 비해 세 가지 이점이 있다.

첫째, 단기적인 목표는 빠른 시일 내에 성취 가능하기에 난이도가 쉽다. 목표 성취에 있어 가장 중요한 것은 현재의 보상을 미래로 넘기는 보상 지연이다. 보상 지연은 지연하는 기간이 짧아질수록 난이도가 쉬워진다.

20년 뒤 집을 사기 위해 소비를 줄이는 일은 상당히 어렵게 느껴진다. 그러나 이번 달에 30만 원을 저축하기 위해 소비를 줄이는 일은 그다지 어렵지 않게 느껴진다. 이번 주에 5만 원을 모으기 위해, 오늘 외식을 하지 않고 집에서 식사를 해야 한다고 하면 더더욱 쉽게 느껴진다.

단기적인 목표의 두 번째 이점은 목표를 까먹을 가능성이 낮다는 점이다. 단기적인 목표는 당신의 두뇌에 자리 잡은 지 얼마 안 되었기 때문에 쉽게 무시되지 않는다. 단기적인 목표는 오늘, 내일 또는 모레의 행동을 통해 성취된 뒤 새로운 목표로 갱신되기 때문에 우리의 뇌가 까먹거나 목표의 중요도를 낮출 시간을 주지 않는다.

예를 들어 당신이 '몇 년 동안 어떤 목표를 달성하겠다'는 계획을 세웠다고 해보자. 1년 뒤, 혹은 2년 뒤의 당신은 그 목표를 까먹거나 그것이 별로 중요하지 않다고 여기게 될 수도 있다. 반면 여러 개의 단기적인 목표를 세우고 그것을 성취하길 반복하면 오랜 기간이 흘러도 목표의 중요도가 낮아지지 않는다.

단기적인 목표의 세 번째 이점은 빠른 피드백을 받을 수 있다는 점이다. 당신이 취한 행동이 목표 달성에 얼마나 기여했는지,

같은 시간 동안에 얼마나 효율적으로 전개되었는지를 파악하기가 용이하다. 이렇게 되면 오늘 내가 게으르게 행동할 경우 목표를 달성하는 데 어떤 영향을 미치는지 더 확실히 알 수 있기 때문에 행동을 미룰 가능성이 적어진다.

예를 들어 당신이 10주 동안 10kg을 빼고 싶어한다고 가정해보자. 몸무게를 빼기 위해 신경 써야 하는 일에는 식단의 종류, 섭취 칼로리 조절, 운동, 수분 보충, 수면 등등 아주 많다. 이때 당신이 10주에 한 번씩만 다이어트의 성패를 판가름한다면, 각 요인에 대한 조절이 얼마나 효과적으로 이뤄졌는지를 파악하기가 어렵다.

반면 당신이 매주 1kg씩 빼도록 단기적인 목표를 설정한다면, 각 요인에 대한 조절이 어떻게 효과를 나타내는지 파악할 수 있는 기회가 더 많아진다. 이는 다이어트 방식에 대한 피드백으로 이어져 더 효율적인 목표 달성을 가능하게 한다.

단기적인 목표 설정의 가장 큰 이점은 그 목표를 달성함으로써 작은 성공을 성취할 수 있게 된다는 점이다. 이런 작은 성공이 당신으로 하여금 계속 노력할 수 있도록 동기를 부여한다. 작은 성공을 경험해두면 도중에 큰 어려움이 닥쳐도 헤쳐나갈 수 있는 힘을 갖게 된다.

작은 목표를 설정하는 방법

무조건 목표를 잘게 나눈다고 해서 다 이룰 수 있는 것은 아니다. 작은 목표를 설정하는 데에도 방법이 있다. '목표 설정'은 이 책 전반에서 다루고 있는 주제이기도 한데, 여기서는 그중에서도 목표를 단계별로 세분화해서 곧바로 성취할 수 있게 만드는 방법을 알려주고자 한다.

첫째, 작은 목표의 내용을 명확히 하라. 그 목표를 상세히 정의한 뒤 간결하게 한 문장으로 요약하라.

둘째, 목표를 성취하기 위해 규칙적으로 수행해야 할 행동을 정리하라.

셋째, 목표 달성 정도를 측정할 방법을 정립하라. 측정의 방법과 시점을 일관되게 정해야 정확한 피드백이 가능하다.

넷째, 작은 목표를 왜 달성하고 싶은지 이유와 목적을 생각해보라. 이유와 목적을 파악해야 하는 까닭에 대해서는 '3단계 – 왜라는 이유를 확실히 파악하라'에서 논할 것이다.

다섯째, 마감시간을 정하라. 토요일까지 1kg 빼기, 이달 말까지 20만 원 모으기 등 근시일 내로 마감일이 설정되어야 한다.

여섯째, 작은 목표를 달성하기 위해 포기해야 할 것들을 파악하라. 웹서핑, 설탕이 함유된 정크푸드, 꼭 사고 싶은 새 신발 등 내가 무엇을 잃게 될지를 외면하지 않고 직시해야 한다.

외골수적 기질을 버려라

작은 목표를 설정했다면, 이제 그 목표를 달성하기 위한 행동을 취할 시간이다. 그러나 여기서 또 한 가지 주의해야 할 부분이 있으니 바로 '외골수의 함정Trap of Singleminded Intensity'이다.

나의 단점 중 하나는 일을 전반적으로 살피지 못하고 '좁은 시야'를 갖고 있다는 것이다. 일단 어떤 일에 집중하면 다른 일들은 나의 시야에서 사라진다. 누군가는 이런 좁은 시야에서 만들어진 집중력이 성공에 도움이 된다고 말하기도 한다. 당신이 생각하기에도 그러한가?

불행하게도 좁은 시야에서 비롯된 집중력은 많은 부작용을 초래한다. 일에 집중하게는 만들어주지만, 올바른 일에 집중시켜주지는 않는다. 일에 열중하다 자신을 돌아보면 어느새 목표와 관계가 없는 일을 붙잡고 있기도 하다.

더 나쁜 점은 좁은 시야가 나의 완벽주의 성향을 지나치게 강화시킨다는 점이다. 일의 세세한 부분에 강박적으로 집착하다보면 큰 그림을 놓쳐 일을 망치게 되는 경우가 있다. 때문에 항시 마감

시간을 지키지 못하게 된다. 일에 집중하는 동안에는 주변 사람들을 챙기지 못해 인간관계에 트러블이 생기기도 한다.

이런 외골수적 기질은 절제력을 키우는 데 도움이 되지 않는다. 외려 좁은 시야가 행동의 일관성을 잃게 만들어, 그로 인해 절제력이 약화되기도 한다.

나는 이 문제를 해결하려고 평생 노력했고, 지금은 원할 때에만 외골수적 기질을 발휘할 수 있게 되었다. 당신도 나의 경우를 교훈으로 삼아 외골수적 기질을 해결하기 바란다.

목적을 달성하기 위해서는 열정보다 일관성이 훨씬 더 중요하다. 뭘 해야 할지를 결정하고 그걸 매일 실행하라. 완벽할 필요는 없지만 일관성은 필요하다. 일관성이 있으면 가속도가 붙는다. 일관성이 있으면 작은 성공을 할 기회가 생기고, 앞으로 나아갈 힘을 얻는다.

좋은 소식은 작은 목표를 설정하고 성취하는 습관이 일관성을 기르는 데 도움을 준다는 점이다. 작은 목표는 큰 목표에 의해 압도당하는 느낌을 없애줘서 중간에 포기하는 일이 발생하지 않도록 만들어준다. 동시에 작은 목표는 당신이 계속 나아갈 수 있도록 동기부여를 한다.

자기연민의 감정을 가져라

절제력을 기르기 위해서는 '자기연민Self-Compassion'의 감정을 가지는 것이 매우 중요하다. 목표 달성에 실패한다면 어떻게 하겠는가? 당신의 행동이 자주 어긋나면 어떻게 하겠는가? 당신의 충동 조절능력이 파괴되었다면 어떻게 되겠는가? 자신을 용서하고 스스로에게 연민을 보내어, 잘못을 털어버리고 다시 시작하라.

목표를 성취하기 위해 나아갈 때 완벽해지고 싶다는 생각이 드는 것은 당연한 일이다. 하지만 완벽은 신기루와 같다. 완벽은 허상이다. 당신은 실수를 할 수 있고 시행착오를 겪을 수 있다. 이 점을 인지하지 못하면 당신은 스스로를 자책하게 되고 부정적인 감정에 휩싸이게 된다.

당신이 완벽하지 않고 때때로 실수를 할 수 있다는 사실을 인지해야 한다. 당신 자신에게 연민의 감정을 갖고, 새로운 행동으로 수정할 수 있는 기회를 줘라.

또 절제력을 키우는 데 완벽이 요구되지 않는다는 점을 명심할 필요가 있다. 절제력을 키우는 데는 일관성과 헌신이 요구된다. 완벽은 당신이 조절할 수 없으나 일관성과 헌신은 당신이 조절할 수 있다. 이를 통해 목표를 놓치지 않고 계속 나아가야 한다.

절제 연습 #1

1단계에 대한 연습 과정은 앞서 살펴본 '작은 목표'를 설정해보
는 과정으로 이뤄져있다.

첫째, 무엇을 성취하고 싶은지를 결정하라. 그 목표는 단순
하고 작되, 근시일 내에 성취 가능한 것이어야 한다. 예를 들어
당신의 방에 있는 잡동사니들을 치우는 목표를 정할 수 있다.

둘째, 목표를 이루기 위해 당신이 취해야 할 행동을 정해라.
'매일 한 개의 물건을 버리기'로 정할 수 있다.

셋째, 진행 과정을 측정할 방법을 찾아라. 매일 노트에 기록
하는 방법을 선택할 수 있다. 아니면 탁상 달력에 표시할 수도
있다.

넷째, 목표를 왜 성취하려고 하는지 생각해보고 그 내용을
간단히 적어라. 집이나 사무실에서 잡동사니를 없애려는 이유

는 집중력 방해를 방지하기 위해서이다.

다섯째, 마감 날짜를 정하라. 너무 느슨하지도 너무 타이트하지도 않은 합리적인 수준의 마감 날짜여야 한다.

여섯째, 목표를 성취하기 위해 포기해야 하는 것들을 찾아라. '무엇을 버릴지 고민하는 시간', '버린 물건을 차후 활용할 수 있는 기회' 등을 포기해야 할 것이다.

이제부터는 계획한 내용을 실천하는 구간이다. 매일매일 목표 달성으로 나아가기 위해 해야 할 행동을 파악하라. 이 과정을 반복적으로 실행하게 되면, 목표를 설정하고 성취하는 것이 당신의 제2의 천성처럼 느껴지기 시작한다. 이는 절제력의 향상이라는 결과로 이어지게 된다.

성취도를 체계적으로 측정하라

•

성취도는 그것을 측정할 수 있을 때 향상된다. 성취도를 측정하고
그 결과를 피드백하면 향상되는 속도가 가속화된다.
| 피어슨의 법칙 |

우리는 절제력을 키우는 과정에서 시행착오를 거쳐야만 한다. 어
쩌면 당신이 하고 있는 방식보다 더 좋은 방식이 있을 수 있다. 어
떤 방식은 당신의 성격과 전혀 맞지 않을 수도 있다. 이때 내가 옳
은 방식을 취하고 있는지 알 수 있는 유일한 방법은 결과를 측정하
는 것뿐이다.

우리가 어떤 일을 하든지 행동의 결과를 측정하면 성취도에 진
전이 생긴다. 측정 결과가 더 좋게 나타난다면 옳은 방식을 취한

것이고, 더 나쁘게 나타난다면 틀린 방식을 취한 것이다. 이러한 '측정시스템Tracking System'에 따라 당신이 유지할 방식과 버릴 방식을 조정하면, 그것이 특정한 목표이든 절제력 향상이든 성취도를 향상시킬 수 있다.

당신은 이미 앞에서 이에 대한 작업을 수행해보기도 했다. 작은 목표를 설정하고, 그 진행 과정을 측정할 방법을 만들어보았다. 지금부터는 진행상황에 대한 측정시스템을 만드는 체계적인 방법을 살펴볼 것이다.

하지만 그 작업을 시작하기 전에, 우리가 어떠한 목표를 달성함에 있어 성취도와 진행상황을 측정해야 하는 이유들을 조금 더 상세히 알아보겠다.

성취도를 파악해야 하는 세 가지 이유

성취도를 측정하지 않더라도 성공할 수는 있다. 하지만 불리한 싸움을 치러야 한다. 우리 두뇌는 어떻게든 주어진 조건의 틈새를 찾아, 편한 길로 빠져나가려는 경향이 있기 때문이다. 이러한 틈새가 있다면 똑같은 행위를 해도 결과는 나빠지게 된다. 성취도를 측정하면 이런 경우가 발생해도 결과가 악화되는 것을 차단할 수 있다.

측정시스템을 통해 얻을 수 있는 이익은 세 가지로 정리된다.

첫째, 측정시스템은 유혹에 대해서 책임지는 자세를 만들어준다. 결과를 측정하지 않으면 대충 넘어가려는 유혹에 빠지거나, 성과를 실제보다 과장할 가능성이 크다. 측정시스템은 이러한 경향을 배제시킨다.

예를 들어 일주일에 1kg씩 빼겠다는 목표를 설정했다고 가정해보자. 이 목표에 맞춰 간식을 먹지 않겠다는 행동 수칙을 정할 수 있다. 그런데 이 행동 수칙의 성취도를 측정하지 않는다면 어떻게 될까? '이번 주는 이미 충분히 적게 먹었다'거나, '오늘 한 번쯤 간식을 먹어도 괜찮다'고 스스로를 안심시키게 된다. 측정하지 않으면 유혹에 넘어가기가 쉬워진다.

둘째, 측정시스템은 목표 달성을 위해 어떤 추가조치를 해야 하는지를 알려준다. 목표를 향해 나아가다보면 예상치 못한 변수가 생기기 마련이다. 앞서 말한 것처럼 우리의 두뇌가 주어진 조건의 틈새를 찾아냈을 수 있다. 이때 측정시스템을 지닌 사람들은 예상보다 악화된 성취도를 보고 변수의 존재를 깨달은 뒤 자신의 행동을 재조정한다.

예를 들어 당신이 멋진 몸매를 만들기 위해 매일 30분씩 걷기로 했다고 가정해보자. 그런데 그렇게 걷다보니 기운이 없어 가까운

거리도 차를 타고 다녀오고 출퇴근 시에도 계단이 아닌 엘리베이터를 사용하게 되었다. 만약 당신이 진행 상황의 성취도를 측정하지 않는다면 이러한 변수를 인식하지 못하고 방치하게 된다.

셋째, 측정시스템은 동기부여가 된다. 매일매일 행동의 결과를 측정하고 성취도가 향상되는 것을 확인하면 큰 성취감을 느끼게 된다. 이렇게 성공하는 날이 늘어갈수록, 성공하는 날을 더 늘리고 싶어진다.

예를 들어 당신이 상체 근육을 단련시키기 위해 팔굽혀펴기를 하기로 결심했다고 해보자. 하루에 스무 개씩 팔굽혀펴기를 했는지 평가하는 측정시스템을 갖추면, 첫날 스무 개를 성공한 당신은 작은 성취감을 맛보게 된다. 이러한 성취감은 그 다음날에도 팔굽혀펴기 스무 개를 할 동기부여로 작용한다.

이런 식으로 내리 15일 동안 팔굽혀펴기를 하면 작은 성취감들이 쌓여 강력한 동기부여로 작용한다. 당신은 자연스럽게 오늘도 팔굽혀펴기 스무 개를 하겠다는 생각을 한다. 자율적으로 스스로에게 압박을 가하게 되는 것이다.

당신에게 적합한 측정시스템 만들기

간단한 형태의 측정시스템으로는 달력을 이용한 방법이 있다. 이 방법은 '사인펠드 핵Seinfeld Hack'이라고도 불린다.

코미디언 제리 사인펠드가 막 데뷔했을 때, 그는 새로운 원고를 매일매일 써내고 싶었다. 그러기 위해 그는 자신의 행동을 추적할 수 있는 방법이 필요했다. 그는 1년 365일 모든 날짜를 한꺼번에 볼 수 있는 굉장히 큰 달력을 벽에 걸었다. 그리고 자신이 새로운 조크를 쓴 날마다 달력에 빨간 펜으로 'X' 표시를 했다. X 표시가 늘어갈수록, 새로운 조크를 쓰고 달력에 X 표시를 해야 한다는 압력을 강하게 받았다. 나 또한 이 방법을 좋아하여 평생 동안 이 방법을 사용해왔다.

만약 당신이 더 복잡한 측정시스템을 만들기 원한다면 그렇게 해도 된다. 복잡한 측정시스템을 만들 때에는 컴퓨터를 이용하기보단 우선 종이에 펜으로 적기를 추천한다. 측정시스템의 대략적인 구조가 갖춰졌다면 이후에 그걸 컴퓨터 스프레드시트에 옮겨 적어라. 스프레드시트가 아닌 다른 유용한 앱을 활용할 수도 있을 것이다.

이제 펜과 종이를 사용해서 측정시스템 만들기를 시작해보자.

첫째, 측정하고자 하는 항목을 적어라. 날짜와 시간, 행동의 실행 여부 외에 목표를 달성해가는 당신의 상황을 다양한 측면에서 평가할 수 있다. 여기 제시된 항목 리스트를 참고하라.

- 당신의 감정
- 당신의 목적의식 상태
- 내적인 방해 요소게으름, 자기혐오 등
- 외적인 방해 요소오락 등
- 당신의 에너지 수준

둘째, 측정하고자 하는 항목의 값들을 기록할 수 있는 빈칸을 만들어라. 항목 값이 낮으면 '1', 높으면 '5'와 같이 간단한 숫자로 기록할 수 있으면 된다. 추가로 빈칸 옆에 '점심식사 후 피곤함을 느낌'과 같이 간단한 문장을 써놓을 공간을 만들어도 된다.

이러한 측정시스템은 상세한 진행상황까지 측정하기에 상당히 복잡한 축에 속한다. 사실 나는 실행 여부를 측정하는 정도의 단순한 측정시스템을 선호하기도 한다. 어느 정도의 측정시스템을 설정할 것인지는 전적으로 당신이 결정해야 할 문제다. 하지만 절제력을 키우는 초기 단계에서는, 위와 같이 다양한 항목과 기록란

이 있는 측정시스템을 사용해보는 것도 괜찮을 것이다.

기본적으로 같은 성능이라면 간단한 방법이 더 바람직하다. 상세하게 측정을 하면 더 좋은 통찰력을 갖는 데 도움이 되겠지만 시간과 노력이 많이 들게 된다. 그러면 당신이 측정시스템을 계속해서 사용할 확률이 떨어진다. 간단한 측정시스템일수록 측정하기 위해 쓰일 의지력과 집중력을 아낄 수 있다.

측정시스템은 사람의 성향에 따라 적합한 방법이 나뉘게 된다. 그래서 측정시스템을 만들 때는 당신의 성향과 측정하고자 하는 대상을 고려해야 한다. 측정시스템을 이용하는 것 또한 하나의 목표이기에 시행착오를 거치며 자신에게 적합한 방식을 찾기 바란다.

측정시스템은 언제까지 써야 하는가?

언젠가는 측정시스템이 더 이상 필요하지 않은 시점이 올 것이다. 목표를 성취하기 위한 행동이 당신의 습관으로 자리를 잡게 되면 측정시스템은 제 할 일을 다 한 것이다. 그렇게 되면 성취도를 측정하는 행위가 더 이상 필요하지 않게 된다. 그 시점에서도 측정시스템을 계속 사용하면 득보다 실이 더 많아지니 주의하기 바란다.

당신이 추구했던 목표가 이제 당신에게 효용이 없어졌는데도 불구하고, 측정시스템이 갖춰져있다는 이유만으로 그 행동을 계속하는 경우가 있다.

예를 들어 매일 한 시간씩 중세 유럽 역사에 대한 책을 읽기로 했다고 가정해보자. 이에 대한 측정시스템을 만들어 오랜 기간 성공적으로 완수했다. 이제 중세 유럽 역사에 대한 흥미가 사라지고 다른 주제에 대한 흥미가 더 커졌다. 그런데 이 상황에서도 측정시스템이 갖춰져있다는 이유만으로 중세 유럽 역사 책을 계속해서 읽는 경우가 더러 있다.

이러한 작용은 마치 매몰비용 효과처럼 나타난다. 그 행동은 이제 그다지 효용이 없다는 걸 알면서도 무언가를 잃기 싫은 마음에 버릇을 유지하는 것이다. 측정시스템이 다른 목표로 넘어가는 것을 방해하고 있는 것이라 할 수 있다.

우리의 최종 목표는 습관에 의해 움직이는 체계를 만드는 것이다. 그 점을 감안해서 언제까지 측정시스템을 가동시킬지를 결정해야 한다. 비록 당신의 목표가 평생에 걸쳐 추구해야 하는 성격의 것일지라 하더라도건강한 먹거리 먹기 등, 측정시스템은 언젠가 수명이 다할 것이다.

측정시스템은 행동 변화를 이끌어내는 유용한 도구다. 새로운 습관을 기르고 강화하기 위해, 부족했던 절제력을 키우기 위해 필요한 도구다. 하지만 어느 시점이 되면 새로운 습관이 정착되면서 진척 과정을 측정할 필요가 사라지게 된다.

절제 연습 #2

측정시스템을 만들어보자. 완벽한 측정시스템을 만들 필요는
없다. 특히 처음 시도해보는 것이라면 당연히 완벽한 측정시
스템을 만들기가 힘들 것이다. 지금 만드는 측정시스템은 프
로토타입이라고 생각하라. 실천해보면서 오류를 고쳐 버전을
높여가면 된다.

　첫째, 측정하고자 하는 모든 항목들을 나열하라. 이 항목들
에는 행동의 실행 여부와 그외 당신의 감정 상태, 당신이 느끼
는 에너지 수준, 내적·외적 방해 요인, 날짜 등이 포함될 수 있
다. 머리에 떠오르는 항목들을 그냥 적어넣어라. 그 항목들에
대한 측정을 바로 시작하는 게 아닌, 검토할 수 있도록 그냥 적
어놓는 것이다.

　둘째, 적어놓은 항목들의 중요도를 파악하라. 그 항목을 측

정하는 것이 성취도 향상에 얼마나 도움이 될지를 판단하여, 셋 이하의 항목을 선택하라. 원한다면 단 한 가지 '실행 여부' 항목만 선택해도 된다.

셋째, 측정 체계를 마련하라. 여러 항목의 값을 기입할 빈칸을 마련해야 한다. 빈칸의 넓이는 숫자를 사용할 것인지, 문장을 사용할 것인지에 따라 결정될 것이다. 숫자와 문장 두 가지를 모두 사용해보고, 당신에게 가장 적합한 방법을 선택하기 바란다.

이 연습 과정을 마쳤다면, 당신은 기초적인 측정시스템을 갖춘 셈이다. 이를 바탕으로 목표 달성을 향해 나아가다보면 자연스레 측정시스템을 수정할 필요를 느낄 때가 있을 것이다.

3단계

왜라는 이유를 확실하게 파악하라

●

목표가 없는 사람은 방향키 없는 배와 같다.
| 토마스 칼라힐 |

당신은 직장생활, 인간관계, 신체와 감정의 건강상태 등 인생의 여러 부분에서 '꽉 막힌 듯한 느낌'을 가져본 적이 있는가? 무언가 변화를 주어야 한다는 생각이 들면서도 어떤 변화를 줘야 할지 모르겠다고 생각해본 적이 있는가? 진퇴양난에 빠졌는데, 어떻게 거기서 벗어나야 할지 모르겠다고 느낀 적이 있는가?

이러한 상황은 대부분 '왜라는 이유Reason Why'를 파악하지 못한 데서 비롯된다. 내가 원하는 것을 왜 원하는지를 파악하지 못하면, 그 욕구를 해결할 방법을 찾기도 어렵다. 그렇기에 이번 장은 '당신에게 절제가 필요한 이유'를 찾을 좋은 기회기도 하다.

이유를 찾는 첫 단계는 당신에게 변화가 필요하다는 사실을 자각하는 것이다(당신이 삶의 질을 향상시키길 원한다는 사실을 깨닫는 것이다). 두 번째 단계는 변화시켜야 할 것이 무엇인지 파악하는 것이다(당신은 절제력을 갖추기로 결정한다). 세 번째 단계는 왜 이런 변화를 해야 하는지 이유를 알아내는 것이다.

이유가 즉각적으로 떠오르지 않을 수도 있다. 하지만 분명히 이유는 있으며 그 이유를 알아야 동기부여가 된다.

이유를 알아야 하는 이유

목표를 갖기는 쉽다. 목표를 설정하고 보다 나은 삶을 만들겠다는 다짐을 하는 것은 쉽다. 그러나 왜 그런 목표를 가져야 하는지를 명확하게 알지 못하면 행동을 장기간 유지하는 게 불가능하다.

아무리 충분한 동기와 긍정적인 마음, 신뢰감을 갖고 행동하기 시작했다 하더라도, 장애물을 만나면 포기할 가능성이 크다. 반면에 목표를 달성하고 행동을 해야 할 분명한 이유를 갖고 있다면, 상황이 악화되더라도 포기하지 않고 앞으로 나아갈 가능성이 크다.

예를 들어 당신이 몸무게를 빼서 멋진 몸매를 만들고 싶어한다고 가정해보자. 하지만 막상 행동에 들어가면 정크푸드, 넷플릭스, 비디오 게임, 편안한 소파 같은 유혹거리들이 당신을 기다리고 있을 것이다. 왜 건강한 몸을 만들기 원하는지 알지 못하고 있다면 이런 유혹에 넘어갈 확률이 커진다.

몸무게를 빼서 멋진 몸매를 만들고 싶은 이유가 있어야 한다. 당신의 건강을 향상시키기 위해, 주위로부터 칭찬을 받기 위해와 같은 이유 말이다. 이런 이유를 명확히 파악하고 있다면 당신은 동기부여를 받아 꾸준히 행동에 나서게 될 것이다.

명확한 이유는 의지력의 회복탄력성을 강화시킨다. 예를 들어 당신이 몸무게를 빼고 멋진 몸매를 만들기 원한다고 가정해보자. 당신이 멋진 몸매를 만들어야 할 이유를 파악하지 못하고 있으면, 고갈된 의지력이 좀처럼 회복되지를 않는다.

반면 당신이 '손자들과 놀아줄 힘을 기르기 위해', 혹은 '배우자와 함께 더 활발한 야외활동을 즐기기 위해'라는 명확한 이유를 갖고 있다고 해보자. 이런 이유들이 있으면 한번 의지력이 고갈되어 몸무게를 빼는 데 방해가 되는 행동을 하더라도, 금방 몸무게를 뺄 필요성을 느껴 절제의 길로 되돌아오게 된다.

이유는 어디에서 비롯되는가?

목표의 이유를 찾는 작업은 생각보다 어렵다. 이유를 만들어내는 요소들이 매우 다양하기 때문이다. 이러한 요소들은 기본적으로 개개인의 정신적인 성향에서 기인하는데, 목표와 행동의 이유를 정확하게 파악하기 위해서는 자신에게 어떠한 성향이 있는지를 파악하는 것이 중요하다.

신념, 가치관과 같은 '내적 동기부여'는 당신이 삶을 변화시키고 싶게끔 만드는 유력한 성향 중 하나다. 아마도 당신은 자신의 신념과 가치관에 맞지 않는 현실에서 탈피하기 위해, 삶의 진로를 수정하길 원하고 있을 것이다.

'단순한 관심사'도 행동의 이유를 만들어내는 성향 중 하나다. 당신이 특별한 기술을 배우기를 원한다면 그 분야가 당신의 관심사이기 때문일 가능성이 크다.

당신의 '재능'도 큰 역할을 할 것이다. 당신이 특정한 행동이나 활동을 능숙하게 해냈기 때문에, 혹은 해낼 수 없기 때문에 그걸 마스터하길 원하고 있을 수 있다.

'깊은 인간관계와 유대관계를 만들고 싶은 마음'도 행동의 이유를 만들어낼 수 있다. 특정 사람들에게 특별한 주의를 기울이고 싶은 이유의 기저에는 대개 이런 성향이 자리해있다.

이 모든 성향들이 목표와 행동의 이유를 만들어낼 수 있다. 당신이 유혹에 빠지지 않고 절제를 발휘하게 하는 동기로 작용할 수 있는 것이다.

어떤 성향들은 우리의 정신에 강력한 영향력을 미치면서도, 의식의 표면 아래 숨어있어 존재를 인식하기가 어렵다. 처음에는 그 성향의 존재를 알아채지 못하다가, 시간이 지날수록 그것이 당신의 삶에 큰 영향을 미치고 있다는 것을 깨닫기 시작한다.

그렇다면 실제로 내가 원하는 목표를 촉발시킨 내 안의 성향은 무엇인가? 그 실마리를 찾고자 한다면 다음과 같은 질문들에서 단서를 얻을 수 있다.

- 변화시키고자 하는 가장 핵심적인 가치가 무엇인가?
- 어떤 결과를 얻기 원하는가?
- 왜 그런 결과를 얻기 원하는가?
- 변화를 통해 원하는 결과를 얻어낸다면 어떤 상황이 될 거라고 생각되는가?

- 아무것도 하지 않으면 어떤 상황이 될 거라고 생각하는가?
- 변화를 만들어낸다면 나는 어떤 이득을 누리게 되는가? 그 이득이 변화를 추구하는 데 들어가는 비용보다 큰가?
- 아무것도 하지 않으면 나는 어떤 대가를 치러야 하는가? 그 대가가 변화하기 위해 들어가는 비용보다 큰가?
- 내가 바라는 결과가 이뤄지면 기쁘겠는가?
- 기대하는 결과가 나의 가치관, 신념, 이상적인 자기 이미지에 부합하는가?

이 질문들에 대답한 후에 그 결과를 활용해 다음과 같은 문장으로 완성하라.

"나는 [이유] 때문에 [변화 내용] 할 것이다".

예를 들어 다음과 같이 완성할 수 있다.

- "나는 '손자들과 놀아주고 싶기' 때문에 '건강한 몸매를 만들' 겠다".
- "나는 '낡은 컴퓨터를 대체할 새 컴퓨터를 사고 싶기' 때문에 '매주 돈을 모을' 것이다".

- "나는 '부모님이 나한테 중요하다는 점을 깨달았기' 때문에 '매주 토요일 부모님과 아침식사를 함께할' 것이다".

목표와 행동의 이유를 한 문장으로 압축해서 표현하도록 하라. 아무리 우아한 문장이라도 길이가 길면 절제력을 키우는 데 도움이 되지 않는다. 왜냐하면 그래야 당신이 언제든 기억하기 용이하기 때문이다. 문장이 간단해야 항시 그 의미를 명확하게 인식하고 당신이 원하는 결과에 집중하면서 나아갈 수 있다. 또 문장이 간단해야 원하는 과정에 맞게 나아가고 있는지 쉽게 확인할 수 있다.

절제 연습 #3

당신은 이 책을 통해 절제력을 키우고 강화하는 활동을 하고 있다. 여기서는 당신이 절제력을 키워 어떤 목표를 이루고자 하는지, 그 '이유'를 찾아볼 것이다.

첫째, 당신의 삶에서 절제력이 가장 필요한 한 분야를 선택하라. 학교생활일 수도 있고, 직장생활일 수도 있고, 특별히 주의를 기울여야 할 인간관계일 수도 있다. 절제력은 여러 분야에서 당신 삶을 개선시킬 수 있겠지만, 이번 연습에서는 오직 한 가지 분야에만 초점을 맞추도록 하자.

둘째, 절제력이 필요한 그 분야가 당신의 삶에서 왜 중요한지를 적어보아라. "내 배우자가 나한테 중요한 건 너무 당연하지!"처럼 그 이유가 너무 당연할 수도 있다. 하지만 의외로 이유가 명확하지 않을 수도 있다. 내용을 적어보는 것은 그 이유를 명확하게 하는 데 도움이 된다. "내 직장생활은 나에게 중요하다. 왜냐하면 직장생활을 통해 생활비를 벌고, 자기 이미지가 향상되고, 자기만족감이 커지기 때문이다"와 같이 적을 수 있다.

셋째, 그 분야에서 절제력을 발휘하여 무엇을 변화시키고 싶은지 적어라. "매일 출근시간보다 한 시간 일찍 사무실에 도착하겠다"와 같이 적을 수 있다.

넷째, 본문에서 제시한 '성향을 찾기 위한 질문'에 답하라. 나중에 쉽게 되새겨볼 수 있게 그 대답들을 적어놓는 게 바람직하다.

다섯째, 당신이 작성한 대답에 맞춰 다음 문장을 완성하라.

"나는 [이유] 때문에 [변화 내용] 할 것이다".

내적·외적 저항을 극복하라

———————————— • ————————————

저항에 부딪치는 것은 인간의 숙명이니 낙심하지 마라.
당신은 시련에 맞서면서 나아가야 한다.

| 로렌스 형제 |

절제가 요구되는 과업이나 프로젝트, 목표를 수행할 때는 언제나
'저항Resistance'이 따라온다. 저항은 목표를 성취하는 것을 방해한
다. 저항은 우리를 시험에 빠지게 하고, 혼란스럽게 만들고, 궤도
에서 벗어나게 만든다.

이런 저항은 우리 내면으로부터 솟아나오기도 한다. 우리는 두
려움, 슬픔, 외로움 등의 부정적인 감정에 안 좋은 영향을 받는다.
우리는 가끔 정신적 스트레스와 파국적 사고에 압도되기도 한다.

때로는 '내 본성은 선하지 않기에 내 의도대로 행동하면 안 된다'는 내면으로부터의 비판이 들리기도 한다. 이런 저항을 '내적 저항'이라 한다.

우리 주변으로부터 이러한 저항이 나올 때도 있다. 동료와 잡담하기 위해 일을 멈추기도 하고, 별 생산성이 없는 미팅에 참석해야 하기도 한다. 집에서는 텔레비전, 전화기, 냉장고가 우리를 유혹한다. 이메일, SNS, 좋아하는 웹사이트가 집중을 방해한다. 이런 저항을 '외적 저항'이라 한다.

저항은 아침 일찍 일어나는 것, 다이어트에 집중하는 것, 시험 공부를 하는 것, 잡담하지 않고 일하는 것을 가로막는 장애물이다. 저항은 집안 청소를 하고, 돈을 모으고, 체육관에 가는 것을 방해한다. 또 저항은 좋아하는 책을 읽고, 시간 관리를 하고, 감정을 조절하는 것을 가로막는다.

저항은 내면에서 오든 외부에서 오든 상관없이 항상 절제에 방해가 된다. 절제와 갈등 관계에 있는 모든 것들을 저항이라 봐도 좋다. 따라서 절제력을 키우기 위해서는 내적 또는 외적인 저항을 몰아낼 수 있도록 행동 전략을 개발할 필요가 있다.

내적 저항을 극복하는 법

내적 저항을 다루는 가장 효과적인 방법은 '성취하고자 하는 바'와 '감정적 동기'를 연계하는 것이다. 목표가 우리의 감정에 기반을 두고 있으면, 우리는 그 목표의 중요성을 실제보다 더욱 높게 평가한다. 목표 달성에 실패하면 안 된다는 동기에 감정의 영향력이 더해지는 것이다.

예를 들어 당신은 손자들과 놀아주기 위해 건강한 몸을 만들기 원하고 있다. 만약 이 목표를 달성하는 데 실패하면, 당신은 손자들과 좋은 시간을 가질 수 없게 된다. 이런 경우 당신의 행동에 감정적인 동기가 포함되어 있다고 볼 수 있다. 이는 당신의 계획을 잘 수행하는 데 도움이 된다.

반면에 당신이 건강한 몸을 만들려는 것이 순전히 논리적인 이유 때문이라고 가정해보자. 건강한 몸매를 만들면 심혈관계 시스템과 면역 시스템의 기능이 향상될 것이기 때문이라고 말이다. 이 경우에는 당신의 계획을 잘 수행하도록 추동해주는 감정적 동기가 부재한다. 이런 상황에서 내적 저항에 직면하게 되면 그 저항을 극복하지 못할 가능성이 크다.

따라서 무언가를 성취하길 원한다면 감정적 동기를 만들어라.

몸무게를 줄이고 싶은가? 그 목표에 맞는 감정적 동기는 무엇인가? 좀 더 학구적이 되고 싶은가? 만약 그 목표 달성에 실패한다면 받게 될 감정적 결과가 무엇인가? 돈을 모으고 싶은가? 만약 당신이 돈을 모으지 못하면 받게 될 부정적인 감정이 무엇인가? 감정적 동기는 내적 저항을 극복하는 데 필요한 원동력이다.

여기서 말하는 감정적 동기는 부정적인 감정을 이용해 의지력을 발휘하는 '부정적 동기부여'와는 거리가 멀다. 부정적 동기부여는 이미 내 안에 가득한 부정적인 감정을 양식으로 하여 의지력을 발휘하는 것이라면, 감정적 동기는 그러한 부정적인 감정을 경계하고 몰아내고자 하는 데서 비롯된 힘이기 때문이다.

외적 저항을 극복하는 법

외적 저항을 이겨내기 위해서는 '외부와의 경계선'을 설정하고 그 경계선을 고수하는 것이 중요하다. 한 가지 주의할 점은 이 경계선은 오로지 당신의 개인적인 영역에 위치해있어야 한다는 것이다. 경계선이 당신의 사회적 평판을 심하게 훼손시키거나 다른 사람들에게 피해를 주는 일은 없어야 한다.

경계선의 예시로는 '핸드폰 전원 차단'을 들 수 있다. 만약 핸드폰이 정신 집중에 방해가 되면 핸드폰을 꺼라. 아니면 일하는 동안 핸드폰을 눈에 띄지 않는 곳서랍 속이나 캐비닛에 넣어두어라. 이러한 경계선을 설정하여 외적 저항을 차단할 수 있다.

또 다른 예시로는 '공간을 정리하는 것'이 있다. 다이어트를 하는 데 부엌에 있는 음식물이 저항요인으로 작용한다면 집안에서 음식물을 치워라. 그렇게 경계선을 설정하면 된다.

또 다른 예시로 '이메일 세팅'을 살펴보자. 당신이 평소 하루에 30번씩 이메일을 확인하고 있는데, 이런 행동을 피하고 싶다면 이메일 프로그램 창을 닫고 오전 9시와 오후 3시에만 이메일을 확인하라. 그렇게 경계선을 설정하면 된다.

타인과의 대면 상황에서 발생하는 외적 저항동료들과의 잡담이나 미팅 등에 대해서도 마찬가지로 경계선을 설정할 필요가 있다. 하지만 이 경우에는 예의에 어긋나지 않도록 교묘하고 사려 깊게 경계선을 설정할 필요가 있다.

예를 들어 매일같이 당신의 사무실에 찾아와 다른 이들의 험담을 늘어놓는 수다꾼 동료를 생각해보자. 당신은 험담이 백해무익하다고 생각하기 때문에 그와 대화하는 것을 피하고 싶다. 이런 때에는 그 수다꾼 동료에게, '그 사람이 없는 데서 그 사람의 얘기를 하는 것은 불편하다'는 식으로 당신의 의사를 전해야 한다. 이게 가장 확실하고 교양이 있는 방법이다.

또 다른 예시로 가족 중 한 명이 항상 텔레비전을 시청하고 있어, 당신이 책을 읽는 데 지장을 초래하는 경우를 살펴보자. 이 경우 그 사람에게 '우리 함께 넷플릭스를 보기 전에 내가 45분만 책을 읽도록 해주면 안 될까?'라고 요청할 수 있다. 이런 우아한 방법으로 경계선을 설정할 수 있다.

외부 저항을 완벽하게 제거할 수는 없다. 그러나 합리적인 경계선을 설정하고 그걸 지킴으로써 그 영향을 최소화시킬 수는 있다. 인간관계가 결부된 경계선이라 하더라도, 다른 사람들에게 명료하지만 예의 바르게 이해를 시킨다면 대부분의 사람들은 당신의 의견을 존중할 것이다.

절제 연습 #4

동기부여가 안 되는 상황이 반복되는데도 불구하고 지금 내가 왜 동기부여가 안 되고 있는지 이유를 제대로 파악하려하지 않는 경우가 있다. 또는 정신적 스트레스를 받는 것에 너무 익숙해져, 시간을 내서 그 스트레스의 원인을 파악하려고 하지 않는 경우가 있다. 또는 계속해서 업무 중에 집중력을 방해받고 있으면서도, 그 방해요인을 제거하는 것을 소홀히 하는 경우가 있다.

이처럼 저항에 방해받는 상황이 너무 익숙해지다 보면, 저항을 제대로 살펴보지 않는 경우가 생긴다. 이번 연습에서는 현재 내가 마주하고 있는 저항의 형태를 알아내고 관리하는 방법을 연습해볼 것이다.

우선 내적 저항을 이겨내는 작업부터 시작해보자.

첫째, 내적 저항으로 인해 절제를 발휘하기 힘든 분야를 선택하라. 예를 들어 다이어트나 운동 루틴을 유지하는 것도 있고 악기를 배우고 싶은 계획도 있을 것이다. 혹은 SNS에서 회자되는 가십거리에 신경을 끄고 싶은 마음도 있다.

둘째, 당신의 절제가 방해받을 때의 느낌이나 감정을 적어라. 예를 들어 기타를 배우고 싶은데 막상 기타를 연습해야 할 시간이 되면 마음이 내키지 않아 다른 짓을 하고 있다고 가정해보자. 그러는 이유가 두려움 때문인가? 아니면 외로움이나 게으름 때문인가? 그도 아니면 기타 배우기에 결국 성공하지 못할 것이라고 미리 단정하고 있기 때문인가? 그런 모든 느낌이나 감정을 적어라.

셋째, 당신의 목표에 대한 '감정적 동기'를 나열하라. 예를 들어 사랑하는 사람에게 감동을 선사하기 위해 기타를 배우려 하는 것일 수 있다. 아니면 많은 사람 앞에서 라이브 공연을 함으로써 자신감을 경험하고자 하는 감정적 동기가 있을 수 있다. 내정 저항이 발생할 시 이런 감정적 동기를 상기하여 동기부여를 얻자.

지금부터는 외적 저항을 이겨내는 방법에 대해 살펴보자.

첫째, 외적 저항으로 인해 충동을 조절하기 힘든 분야를 선택하는 것부터 시작해보자. 예를 들어 당신이 재택근무를 하고 있는데, 무언가의 방해를 받아 집중이 잘 안 되고 있다고 해보자.

둘째, 당신의 집중을 방해하는 항목들을 적어보라. 예를 들어 자녀들, 텔레비전, 인터넷 서핑, 고객이나 동료가 보낸 이메일, 사전 연락 없이 찾아온 친구들, 당신의 관심을 바라는 강아지 등이 포함될 수 있다.

셋째, 각각의 방해 요소를 차단할 경계선을 만들어라. 자녀들에게는 '비상상황이 아닌 한 9시부터 10시 반까지는 방해하지 말 것'을 부탁할 수 있다. 이메일 알람을 꺼놓고 오전 9시, 오후 1시 30분, 오후 5시에만 확인하겠다고 결심할 수 있다. 친구들에게는 방문 전에 반드시 전화를 해달라고 요청할 수 있다. 이런 경계선을 설정함으로써 외부 저항의 영향력을 가능한 줄이자.

5단계

무엇을 희생할지 명확하게 인식하라

●

무언가를 원하는 것의 절반은, 그것을 얻기 위해
다른 것을 포기하는 것이다.

| 시드니 하워드 |

어릴 적부터 우리는 노력을 통해 성공하기 위해서는 '희생Make Sacrifice'을 해야 한다고 배워왔다. 어떤 사람들은 희생과 성공의 관계를 '원인과 결과'라는 등식으로 이해하기도 한다.

절제의 관점에서 희생이란 더 중요한 보상을 얻기 위해 덜 중요한 보상을 포기하는 것이라 할 수 있다. 그렇기에 포기하여 잃는 것의 정도가 당신이 견딜 수 있는 한도를 벗어나면 그 희생을 거부하게 되기도 한다.

개인의 성장에는 다양한 종류의 희생이 요구된다. 세계적인 운동선수들이 그만큼 뛰어난 능력을 갖추기 위해서는 어마어마한 희생이 있었을 것이다. 기업가들이 사업에 성공하기 위해서는 희생을 감수해야만 한다. 뛰어난 학생이 높은 성적을 얻기 위해서는 여가시간을 희생해 공부해야만 한다.

절제력을 키우기 위해선 희생의 개념을 정확히 잡는 것이 중요하다. 특정한 목표에 헌신Dedicating하는 것이나 기꺼이 할애Be Willing하는 것은 명예로운 일이지만 개인의 성장 관점에선 부적절한 일이다. 두 가지 모두 무엇을 내어줄지를 모른 채, 혹은 내어줌으로 인한 결과를 예상하지 못한 채 내어주기 때문이다.

희생은 내가 어떤 대가를 치르는지 명확히 알고 내어주는 것이다. 희생의 형태는 각자의 상황에 따라 달라지기에 모든 종류의 희생을 공통된 하나의 문장으로 정의하는 것은 어려운 일이다. 다만 내가 성공하기 위해 무엇을 희생해야 하는지를 모르고 있다면, 그것은 희생이라 부를 수 없다.

희생의 내용을 파악하라

당신이 치러야 할 희생의 내용은 그로 인해 무엇을 얻고자 하는지에 달려있다.

예를 들어 당신이 소설을 쓰고 싶어한다고 가정해보자. 그 목표를 실행하기 위해서는 다음과 같은 대가를 치러야 할 수 있다.

- 인간관계친구, 가족과의 교우를 줄여야 한다
- 수면마감시간을 지켜야 한다
- 자존심타인들이 당신의 작품을 비판할 것이다
- 돈소설을 쓰는 동안 수입이 없을 것이다
- 취미하루에는 24시간밖에 없으니까

멋진 몸매를 만들려한다고 가정해보자. 수년 간 앉아서 생활해온 당신이, 멋진 몸매를 만들기 위해서는 다음과 같은 대가를 치러야 한다.

- 수면운동하기 위해 아침 일찍 일어나야 하니까
- 좋아하는 간식도넛을 테이블에서 치워야 한다
- 사회 모임파티에 가면 많이 먹을 가능성이 크다

- 기호식품^{금연}과 금주를 해야 한다
- 시간^{배달} 음식보다 직접 요리해서 먹어야 한다

목표를 이루기 위해 무엇을 포기할 것인지 명확히 인식해야 한다. 이렇게 희생해야 할 항목을 정리해두면, 시련의 시간을 보다 더 잘 견뎌낼 수 있다.

예를 들어 당신이 멋진 몸매를 만들기 위해 새벽 5시에 일어나 운동을 하기로 했다고 가정해보자. 새벽에 알람을 끄고 이부자리에서 일어나 체육관으로 가는 것은 엄청나게 힘든 일이다. 이를 위해 당신은 포근한 이불 속에서 한두 시간 더 자는 것을 포기해야 한다. 이것은 당신이 원하는 목표를 성취하기 위해 지불해야 할 당연한 대가다.

당신이 이런 희생의 내용을 인식하고 있다면 목표를 향해 행동하기가 훨씬 쉬워진다. 물론 수면을 포기하는 것이 즐겁지는 않겠지만, 멋진 몸매를 얻기 위해 지불해야 할 대가라는 인식이 명확하기에 훨씬 더 쉽게 절제를 발휘할 수 있다.

반면 당신이 희생해야 할 것을 명확히 인식하지 못하고 있으면, 아침에 일어나는 일과 멋진 몸매를 얻는 일의 상관관계가 불분명해진다. 그러면 당신이 아침에 일어나는 행위는 희생이 아닌 헌신이 되는 것이다. 만약 그날따라 당신의 컨디션이 피곤하기까지 하다

면, 내가 왜 따뜻한 잠자리에서 뛰쳐나와 체육관으로 달려가야 하는지 의문을 갖게 된다. 그렇게 되면 목표를 이루기가 어려워진다.

목표를 성취하기 위해 무엇을 희생할지 인지하는 것이 중요하다는 점을 알았을 것이다. 그러나 솔직히 말해서 희생을 한다는 것이 얼마나 어려운 일인가? 여기서 말하는 어렵다는 의미는 '노력이 든다'는 의미가 아니라 '쉽게 결정할 수 없다'는 것을 가리킨다.

예를 들어 당신의 주치의가 당신에게 건강하게 장수하고 싶으면 금연하라고 조언했을 수 있다. 아니면 자녀들의 대학 등록금 마련을 위해 오늘부터 돈을 모으기로 결정했을 수 있다. 이밖에도 명백한 악습을 버리거나 사치품을 사는 것을 포기하는 등, 이런 종류의 희생은 노력은 많이 들어갈지 몰라도 목표의 우선순위가 확실하기에 희생의 결정을 쉽게 할 수 있다.

반면 희생을 결정하기가 어려울 때도 있다. 성취해야 할 목표와 희생할 대가의 우선순위가 애매하거나, 희생의 성격에 거부감이 들어 발생하는 경우이다.

예를 들어 직장을 그만두고 자기 사업을 시작하려한다 가정해 보자. 그러기 위해서 당신은 다음과 같은 것들을 희생해야 한다.

- 직장에서의 커리어
- 수면시간
- 안정적인 수입
- 인간관계
- 시간적 안정성
- 넷플릭스 시청
- 건강 스트레스와 피로가 건강을 악화시킬 수 있다

당신은 사업을 시작하기 위해 이런 것들을 기꺼이 희생하겠는가? 새로운 사업이 대부분 실패로 끝난다는 사실을 알면서도 이런 것들을 희생시킬 각오가 되었는가? 망설이지 않고 목표를 향해 나아가기 위해서는 이러한 질문에 정확하게 답해야 한다.

그러기 위해서 우선은 포기해야 할 것들이 얼마의 가치가 있는지, 즉 당신의 손실이 얼마나 될지를 명확하게 알아야만 한다. 예상되는 희생의 양과 질을 명확히 파악하는 것이다. 그렇지 않으면 성공에 이르는 과정에서, 손해를 본다는 감정과 엄청난 투쟁을 치러야 할 것이다.

희생의 목적을 기억하라

우리는 노력하면 언젠가 반드시 성공하리라고 간주하는 경향이 있다. 이런 생각이 아예 근거 없는 것은 아니다. 호되게 훈련을 한 선수는 기량이 뛰어나다. 계속 공부를 한 학생은 좋은 성적을 거둔다. 정크푸드를 먹지 않고 다이어트를 한 사람은 몸무게를 뺀다.

하지만 노력이 보답받지 못하는 경우도 많다. 앞서 예시로 든 사업에 실패하는 경우가 대표적이다. 또 자녀들의 대학 등록금을 마련하기 위해 불필요한 소비를 줄이고 매월 뮤추얼 펀드에 돈을 투자했으나, 펀드의 수익률이 떨어져 돈을 모으지 못하게 되는 경우도 있다.

이런 목표들은 현재 시점에서 아무리 절제를 발휘하더라도 당신이 원하는 결과로 끝맺음되지 않을 수 있다. 그렇게 되면 당신이 지금까지 해온 희생에 대한 회의감이 들면서 절제력이 약해진다.

이런 때에 희생에 대한 목적의식Purpose Converge은 포기하고 싶은 유혹을 이겨내도록 만들어주고 부정적인 감정을 방지하는 데 도움을 준다. 실망스러운 상황에도 불구하고 희생을 통해 무엇을 얻는지를 기억하면 우리는 계속 절제를 유지하며 앞으로 나아갈 수 있다.

예를 들어 뮤추얼 펀드의 실망스러운 수익률에도 불구하고, 당신이 명확한 목적의식을 갖고 있다면 당신은 계속해서 희생을 이어갈 수 있다. 당신은 자녀들의 대학 등록금 마련이 얼마나 중요한 것인지 알기에 희생을 계속할 것이다.

이처럼 희생의 목적을 기억하면 기대에 못 미치는 결과에 직면하더라도, 당신으로 하여금 희생, 충동 조절, 절제를 유지하도록 도와준다.

절제 연습 #5

이 연습은 간단하고 쉽고 빠르게 완수할 수 있다. 펜과 종이를 준비하라.

첫째, 당신이 성취하고자 하는 목표를 하나 선택하라.

둘째, 그 목표를 달성하기 위해서 포기할 필요가 있는 것들을 나열하라. 희생해야 할 항목들이 즉시 떠오르지 않을 수도 있으니 시간을 충분히 갖고 생각해야 한다.

셋째, 희생 목록을 다시 점검해보라. 적어놓은 각 항목에 대해, 다음 두 가지 질문을 던져라.

1. 목표 달성을 위해 이것들을 기꺼이 포기하겠는가?

2. 성공이 보장되지 않는 상황에서도 이 항목을 기꺼이 포기하겠는가?

희생으로 인해 발생할 손실이 너무 크다고 해서 나쁜 것은 아니다. 중요한 점은 당신이 미리 희생의 내용과 정도를 인식하고, 그걸 발판 삼아 앞으로 나아갈지 여부에 대해 전략적인 결정을 할 수 있다는 점이다.

10·10·10 규칙으로 유혹을 이겨내라

당신의 삶은 정해진 운명이 아니다.
당신의 운명은 당신의 결심에 의해 결정된다.

| 토니 로빈스 |

절제에 대한 논의는 주로 '금욕Temperance, 회복탄력성Resilience, 끈기 Persistence'의 맥락에서 이뤄진다. 절제란 욕구를 억제하는 금욕이나 어려운 상황에서 버티는 극기 같은 행위라고 인식되는 것이다. 그러나 가장 본질적인 차원에서 절제란 '의사결정Decision-making'으로 귀결된다. 보상 지연을 수행하고 있는지, 충동을 조절하고 있는지, 목표에 집착하고 있는지 등 절제 능력과 절제에 대한 의지는 모두 그때그때의 올바른 의사결정으로 증명되는 것이다.

만약 당신에게 이루고자하는 목표가 있고 그에 대한 계획이 있다면, 당신은 그 계획을 수행하는 과정에서 수많은 '결정'을 해야만 한다. 당신은 매일같이, 서로 반대되는 선택사항 중 하나를 결정해야 한다. 한 쪽은 당신의 계획을 그대로 추진해나가는 방향이고, 다른 쪽은 충동이나 유혹에 굴복하는 방향이다.

'10·10·10 규칙'은 이런 상황에서 목표에 맞는 결정을 해나가는 데 도움을 주는 유용한 도구다. 당신이 계획을 그대로 추진해나갈 것인지 아니면 충동에 굴복할 것인지 기로에 서있을 때, 10·10·10 규칙을 기억하면 계획을 그대로 추진해나갈 수 있다.

감정을 다스리는 10·10·10 규칙

감정은 우리가 누구인지와 우리가 인간적이라는 사실을 보여주는 중요한 요소 중 하나다. 그렇기에 감정 자체가 나쁜 것은 아니다. 그러나 우리는 때때로 감정에 휩쓸려 결정을 내리기도 한다. 그리고 감정적인 결정에서 비롯된 행동은 대체로 나쁜 결과를 낸다.

많은 사람들이 스트레스를 받을 때 정크푸드를 먹는 이유가 바로 이러한 경우다. 많은 사람들이 격분했을 때 다른 사람들에게 악담을 퍼붓는 이유도 바로 이러한 경우다. 감정에서 비롯된 행동은 마치 압력이 잔뜩 가해진 밸브를 여는 것과 같이 나타난다.

감정은 현재를 선호한다. 감정은 지금 당장 일어나는 일에 초점을 맞추고 기분을 안정시키는 방향으로 행동하게 만든다. 그렇기에 감정에 휩싸여 행동하게 되면 높은 확률로 후회스러운 상황에 처할 수 있다.

10·10·10 규칙은 이성을 활용해서 감정을 누그러뜨리는 방법으로, 감정에 휩쓸려 결정을 내려버리는 문제를 해결할 수 있다. 지금부터 이 규칙이 어떻게 작동하는지를 설명해보겠다.

앞서 언급한 선택의 상황에 직면할 때, 즉 충동이나 유혹에 굴복할 것인지 아니면 당신의 계획을 그대로 추진해나갈 것인지를 결정해야 할 때, 다음과 같은 세 가지 질문을 스스로에게 던져보라.

1. 10분 후에는 내 결정을 어떻게 느끼게 될까?
2. 10시간 후에는 내 결정을 어떻게 느끼게 될까?
3. 10일 후에는 내 결정을 어떻게 느끼게 될까?

절제를 포기하고 즉각적인 보상을 택했다면, 10분 후에는 기분이 아주 좋을지도 모른다. 하지만 10시간 후에 그러한 결정을 한 사실을 어느 정도 떨어져서 바라보게 되면 조금은 불안해질지도 모른다. 그리고 10일 후에는? "제길, 그건 정말 최악의 결정이었어"라고 외칠지도 모른다.

10·10·10 규칙은 이런 후회스러운 경험을 미리 상상해보는 것이다. 그를 통해 현재의 감정을 이겨내고 장기적인 관점에서 판단을 내리도록 만드는 것이다. 이러한 행동 양식은 절제력이 필요한 다양한 분야에 활용 가능하다.

예를 들어 현재 당신이 정크푸드를 끊으려 노력하고 있다고 가정해보자. 하지만 누군가 당신의 사무실에 도넛 한 박스를 사갖고 왔다. 도넛은 당신이 가장 좋아하는 간식인데 말이다. 자, 당신은 이제 선택의 순간에 직면했다.

만약 당신이 절제력을 잃고 도넛을 먹는다면, 10분 동안에는 만족감을 느낄지 모른다. 하지만 10시간 후에는 그것 때문에 당신의 목표가 어긋났다는 생각이 들면서 불안한 느낌이 들 것이다. 이 시점에서 후회하는 마음이 자리 잡을 수도 있다. 그리고 10일 후에는 당신을 굴복하게 만들었던 그때의 치욕적인 결정을 떠올리면서 고개를 젓고 있을 것이다. 어쩌면 그런 결정을 내린 수치심으로 부들부들 떨면서 "그건 정말 치명적인 실수였어"라고 중얼거리고 있을 수도 있다.

이렇게 될 미래를 미리 상상해보자. 당신은 잘못된 결정이 가져올 후회와 수치심을 피하고 싶어진다. 그것만으로도 당신은 도넛을 먹지 않을, 여분의 의지력을 갖출 수 있다.

장기적인 관점의 확보

때로는 충동과 유혹에 대한 감정이 너무 강해서, 무슨 수를 써도 감정에 휩쓸린 결정을 내리게 되는 경우가 있다. 만약 당신이 이런 상태에 놓여있다면 서서히 그런 감정과 거리를 두도록 연습해야 한다. 이때에도 10·10·10 규칙을 실천하는 것이 도움이 된다.

10·10·10 규칙은 충동과 유혹에 넘어갔을 때의 당신을 상상하게 함으로써 바람직한 결정을 할 수 있도록 만들어준다. 동시에 당신이 충동과 유혹에 넘어가지 않은 이상적인 미래를 예측하도록 만들어주기도 한다.

그리하여 '내가 성취하고자 하는 목표와 내가 되고자 하는 자아상에 비춰볼 때, 현재의 나는 올바른 선택을 하고 있는가?'라는 질문을 스스로에게 던지도록 만든다. 10·10·10 규칙은 당신의 감정을 조절시켜주는 가장 이성적인 물음이라고 할 수 있다.

이처럼 10·10·10 규칙은 당신에게 장기적인 관점을 견지시켜, 감정으로부터 받는 영향을 줄여준다. 설령 지금 당장은 충동과 유혹에 넘어가더라도, 10·10·10 규칙을 반복적으로 수행하다보면 감정으로부터 받는 영향은 점차 줄어들어갈 것이다.

미래 자아와 현재 자아의 연결

'미래 자아Future Self'란 당신이 그렇게 되고자 마음속에 그리고 있는 사람의 모습이다. 그 사람은 당신이 성취하고자 하는 목표를 이루어냈고, 당신이 갖기를 원하는 성품을 지녔고, 당신이 습득하고 싶어하는 모든 기술, 습관, 태도를 종합적으로 체득하고 있다.

'현재 자아Present Self'란 지금 이 순간의 당신이다. 현재 자아는 당신의 욕구, 관심, 그리고 순간적인 충동에 맞춰져있다. 현재 자아는 지금 당장 받을 수 있는 보상을 좋아하기에, 그에 따라 결정하고 행동하도록 당신을 충동질한다.

현재 자아는 미래에 관심을 두지 않는다. 현재 자아는 당신이 어떤 사람인지, 세 달 후에 어떤 문제가 생길지에 대해 관심을 두지 않는다. 현재 자아는 지금 이 순간에만 관심을 쏟는다. 그렇기에 미래 자아와 현재 자아가 다른 것은 너무도 당연한 일이다.

한 가지 좋은 소식은 훈련을 통해 두 자아를 연결시킬 수 있다는 점이다. 정확히는 미래 자아가 원하는 행동을 하도록 현재 자아를 설득하고 훈련시키는 것이다. 이렇게 하면 현재 자아와 미래 자아가 힘을 합쳐 절제를 발휘할 수 있게 된다.

우리는 현재 자아로 하여금 '미래 자아가 원하는 행동을 하면 너에게도 이득이 있다'는 사실을 주지시킬 수 있다. 예를 들어 미래 자아가 정크푸드를 안 먹길 원한다면 이 행동으로 인해 현재 자아 또한 다음과 같은 이점을 얻을 수 있다.

- 맑은 정신
- 질 좋은 수면
- 더 많은 에너지
- 더 강력해진 소화력
- 나아진 분위기

위의 이점들은 정크푸드를 안 먹으면 얻을 수 있는 보상의 일종이다. 다만 '즉각적으로 얻을 수 있다'는 특징이 있다.

본디 미래 자아가 정크푸드를 안 먹으려던 이유는 '몸무게를 빼고 멋진 몸매를 얻기 위함'이다. 하지만 현재 자아는 이런 이상적인 미래에 대해 신경 쓰지 않는다. 현재 자아는 '그래서 지금 당장 내가 얻는 게 뭔데? 왜 내가 정크푸드를 포기해야 하는데?'라고 물을 것이다. 이때 당신은 현재 자아도 납득할 만한 위의 다섯 가지 보상을 제시할 수 있다. 이 보상들은 현재 자아가 오늘 바로 얻을 수 있는 보상이다.

물론 현재 자아가 처음부터 '맑은 정신, 질 좋은 수면'과 같은 보상에 흥미를 느끼지는 않을 것이다. 그러나 좋아하는 것을 포기하게 만드는 것보다, 좋아하지 않는 것을 좋아하게 만드는 것이 훨씬 더 쉽다. 당신이 해야 할 일은 맑은 정신, 질 좋은 수면이 주는 이점에 관심을 집중하며, 현재 자아가 이러한 보상을 좋아하도록 끊임없이 스스로를 설득하는 것이다.

차츰 현재 자아가 이러한 보상을 좋아하게 되면 정크푸드를 먹지 않는 선택을 내리기가 훨씬 더 쉬워진다. 현재 자아와 미래 자아가 추구하는 방향이 연결되는 것이다.

이와 같은 심리학적 원리에 대한 연구결과는 상당히 많다. 더 깊게 알고 싶다면 관련 연구결과들을 읽어보길 권한다. 다만 여기서는 이런 효과가 존재한다는 사실을 깨닫고, 이런 효과를 어떻게 활용할 것인가를 아는 것만으로도 충분하다.

절제 연습 #6

10분

첫째, 매일 절제를 발휘해야 성취할 수 있는 목표를 정하라.

• 5kg 감량하기

둘째, 선택된 목표를 이루기 위해 해야 할 행동을 정하라.

• 정크푸드 피하기

셋째, 이 행동에 반대되는 결정에는 무엇이 있는지 생각해 보라.

• 도넛 먹기

넷째, 충동과 유혹이 들 때마다 10·10·10 규칙을 적용하라.

- 도넛을 먹으면 10분 후에 어떻게 느끼게 될까?
- 도넛을 먹으면 10시간 후에 어떻게 느끼게 될까?
- 도넛을 먹으면 10일 후에 어떻게 느끼게 될까?

추가로 미래 자아와 현재 자아를 연결시키는 연습도 진행해보자. 당신이 목표를 이루기 위한 행동을 할 때, 오늘 당장 현재 자아가 얻을 수 있는 이득을 찾아내라.

- 기분이 더 나아진다.
- 머릿속이 맑아지고 생각이 빨라진다.
- 잠을 더 잘 잘 수 있다.

현재 자아에게 이러한 이점들을 잘 설득하면 현재와 미래의 두 자아가 같은 방향의 욕구를 지녀 충동과 유혹을 더 잘 제어할 수 있게 될 것이다.

불편함을 받아들이는 훈련을 하라

자신의 마음 외에는 외부의 어느 것도 마음대로 할 수 없다.
이 사실을 깨달을 때 당신은 강해질 것이다.

| 마르쿠스 아우렐리우스 |

사람은 태생적으로 불편함을 싫어하기 때문에 가능한 불편함을
회피하는 선택을 한다. 같은 조건 하에서 불편함과 편안함 중 하
나를 택해야 한다면 당연히 편안함을 선택한다. 이런 성향은 우리
DNA 속에 새겨져있다.

그런데 만약 '불편함Discomfort'이 자기개발과 절제력 향상을 위해
반드시 필요하다면 어떨까? 우리 자신을 여러 형태의 불편함에 노
출시키는 것이 우리의 회복탄력성을 키우는 데 도움이 된다면 어

떨까? 불편함에 대한 고의적이고 지속적인 노출이 충동을 조절하고 유혹을 이겨내고, 시련에 대한 저항성을 키우는 데 도움이 된다면 어떨까?

불편함은 언제 어디서나 존재한다. 우리는 이런 불편함을 완전히 몰아낼 수 없지만, 받아들일 수는 있다. 만약 우리가 불편함을 있는 그대로 받아들인다면 우리는 어떤 환경에서도 정신적 영향을 받지 않고 목표에 매진할 수 있다.

불편함을 있는 그대로 받아들이기 위해선 불편함을 이용해야 한다. 불편함에 노출되어 충동이나 유혹에 약해지는 상황에서도 우리가 추구하는 목표에 충실할 수 있도록 스스로를 훈련시켜야 한다. 우유부단함과 게으름을 억누르고 우리의 뜻을 밀고 나갈 수 있도록 말이다.

다시 말해 불편함은 절제력을 강화시킬 수 있다. 그 첫 번째 단계는 불편함에 대한 우리의 '기대치Expectation'를 조정하는 것이다.

불편함에 대한 기대치 조정

어려서부터 우리는 인생이 불편한 것들로 가득하다는 사실을 알게 된다. 십대 초반의 아이들이 최신 스마트폰을 사달라고 부모를 조를 때 "좀 기다려야 한다"는 말을 들으면 "못 기다리겠어!"라고 소리 지르는 것처럼 말이다. 이런 경험을 통해 우리는 삶에 불편함이 동반된다는 사실을 알게 된다오히려 이 시기에 부모들이 어리광을 잘 받아주면 아이들의 가치관이 왜곡된다.

동시에 우리는 아무것도 하려 하지 않으면 편안함을 느낄 수 있다는 사실을 알게 된다. 그러나 계속 그렇게 가만히 있으면 편안함 또한 이러 저리 흘러다니다가 점차 사라진다. 결국 우리는 불편함을 피할 수 없다는 사실을 깨닫게 된다. 불편함에 대한 기대치를 낮추는 것이다. 이렇게 하고 나서야 우리는 진정한 편안함에 이를 수 있다.

우리는 우리 주변의 어느 것도 마음대로 할 수 없다. 때로는 세심한 계획과 성실한 의도를 가지고 벌인 일이라 하더라도 결과가 나쁘게 흘러갈 수 있다. 특히 자기 능력 밖의 일을 해야 하는 경우, 당신은 큰 불편함을 느낄 수 있다. 만약 당신이 그러한 상황에서 벗어나고자 한다면 불편함을 넘어 무력감과 가벼운 고통까지도 느낄 수 있다.

따라서 우리는 불편함 속에서 편안해질 수 있는 능력을 길러야 한다. 적어도 불편함은 피할 수 없다는 사실을 깨달아야만 한다.

성장에는 언제나 불편함이 동반된다. 만약 그렇지 않다면, 누구나 쉽게 성장을 할 수 있을 테니까 말이다.

자, 이제 불편함에 대한 기대치를 올바르게 조정했으니, 불편함을 유익하게 활용하는 방법을 알아보도록 하자.

시련의 강도를 올려가는 저항 훈련

'저항 훈련Resistance Training'이란 근육에 힘이나 무게를 가함으로써 힘과 참을성을 강화시키는 신체훈련을 통칭한다. 역기를 드는 것이 대표적인 예다. 역기의 무게가 당신의 이두박근 안에 있는 근육섬유의 수축에 저항을 건다. 이런 과정을 반복하게 되면 근육이 단단해지게 된다.

당신의 '절제 근육Self-discipline Muscle'도 비슷한 방식으로 키울 수 있다. 충동과 유혹에 저항하기 위해 절제력을 사용하면 절제 근육이 강해진다. 더 강하게 충동과 유혹을 끊어낼수록 절제 근육은 더 강해진다.

예를 들어 당신이 정크푸드를 멀리하고 건강식을 먹는 다이어트를 시작했다고 가정해보자. 처음에는 식단을 유지하는 것이 힘들지만, 식단을 지속하면 지속할수록 유지하는 것이 쉬워지는 것을 느끼게 된다. 이와 유사하게 당신이 매일 아침 일찍 일어나는 훈련을 하고 있다고 가정해보자. 날짜가 지날수록 아침에 알람을 끄고 다시 자고 싶은 유혹을 이겨내기가 쉬워질 것이다. 이 모두가 절제 근육이 강해지면서 일어나는 일이다.

당신이 하기 싫다고 느끼는 무언가를 실행하기로 결정했을 때, 처음에는 그렇게 하는 것이 불편할 것이다. 그러나 그걸 실행하는 것은 당신의 절제 근육에 저항을 주는 것과 같다. 계속해서 저항을 주면 근육은 더 강해지고 결국에는 당신이 불편함을 느꼈던 것들에 대해 편안함을 느끼게 될 것이다.

처음 시작할 때는 작은 저항을 부과하라. 예를 들어 당신은 대개 아침 8시에 일어나는데, 이제는 새벽부터 일찍 일어나기로 결정했다고 가정해보자. 이때 바로 4시 30분에 일어나려고 해서는 안 된다. 처음 며칠간은 7시 30분에 일어나기 시작해서 그 다음에는 7시 15분으로 목표를 상향시켜나가야 한다. 절제 근육 또한 자라나는 데 시간이 필요하다. 근육이 어느 정도 강해졌을 때 원래 성취하려했던 목표로 저항 강도를 높여서 적용하라.

절제력 저항 훈련은 다이어트, 운동, 책 쓰기, 시험공부, 집안일, 악기 배우기, 시간 약속 잘 지키기 등 거의 모든 목표에 적용할 수 있다.

휴식과 시련을 반복하는 인터벌 훈련

'인터벌 훈련Interval Training'이란 정해진 시간 동안, 고강도의 근육 운동을 반복하는 신체훈련을 통칭한다. 5분 동안 전력질주 후 1분간 휴식, 역기 15번 들어올리고 1분간 휴식 등으로 구성된 훈련 코스를 계속해서 반복한다.

인터벌 훈련은 저항 훈련과 마찬가지로 절제 근육을 강화하는 데 적용할 수 있다. 인터벌 훈련은 시련을 부과하는 시간을 조절하는 훈련법이기에, 고차원적인 행동에 대한 절제력 훈련에 더 적합하다.

예를 들어 당신이 소설을 쓰기를 원한다고 가정해보자. 하지만 당신은 컴퓨터 의자에 앉아있는 것 자체가 힘들다. 당신은 의자에서 일어나 텔레비전을 보거나, 기타를 치거나, 친구들과 어울리는 것을 좋아한다. 이런 경우에 당신은 키보드 앞에 15분 동안 앉아있는 인터벌 훈련을 할 수 있다.

처음에는 15분 동안 앉아있는 게 불편할 것이다. 다른 짓을 하고 싶은 욕구가 당신을 어지럽게 한다. 하지만 그게 바로 이 훈련을 하는 이유다. 훈련은 당신의 불편함에 대한 내성을 강화시켜준다.

15분이 지나면 소설을 한 구절도 쓰지 못했더라도 자신에게 다른 일을 할 수 있는 자유를 줘라. 준비가 되면 또 다시 15분 동안 의자로 돌아와 앉도록 하라. 더 이상 불편함이 느껴지지 않을 때까지 이 과정을 반복하라.

그 다음에는 글쓰기 시간을 30분으로 연장하라. 아마도 당신은 또 다시 불편함을 느낄 것이다. 불편함이 사라지면, 글쓰기 시간을 45분으로 연장하라. 원하는 시간 간격에 이를 때까지 이 과정을 계속 반복하라. 그러면 의자에 앉아있는 것이 더 이상 불편하지 않게 될 것이다.

절제 연습 #7

짧은 연습을 통해 우리가 배운 것을 실천해보자.

첫째, 매일 루틴으로 실행할 수 있는 행동을 선택하라. 당연히 장기적으로 당신에게 필요한 행동이어야 한다. 당신은 매일 소설을 쓰고 싶을 수 있고 조깅을 하거나, 논픽션을 읽거나, 피아노를 연습하길 원할 수 있다.

둘째, 그 행동이 당신을 어떻게 불편하게 만드는지를 파악하라.

셋째, 저항 훈련을 활용해서 그 행동을 방해하는 충동과 유혹을 뿌리쳐라. 예를 들어 매일 저녁 논픽션을 읽기로 결심했다고 하자. 당신은 텔레비전을 시청하고 싶다는 유혹을 뿌리치고 논픽션 책을 펼쳐야 한다.

넷째, 불편함을 줄이기 위해 인터벌 훈련을 활용하라. 평소 논픽션을 읽지 않던 사람이 처음 논픽션을 읽기 시작하면 불편함을 느낄 것이다. 15분 동안 논픽션을 읽고 쉬기를 반복해라. 15분 동안 읽는 게 편안해지면 30분으로 늘려라. 이런 과정을 반복하게 되면 향후 긴 시간 동안 논픽션을 읽을 정도로 절제 근육이 강화될 것이다.

행동시스템을 통한 절제를 습관화하라

───────────●───────────

만약 당신이 매일 어떤 일을 하고 있다면
그것은 일종의 시스템이다.

| 스콧 아담스 |

우리는 '4단계 - 내적·외적 저항을 극복하는 방법'에서 '내적 저항'
과 '외적 저항'에 대해 살펴본 바 있다. 내적 저항은 부정적인 감정,
자기비하 등 목표 달성 의지를 저하시키는 심적인 요소들이고, 외
적 저항은 우리를 충동하고 유혹하여 목표 달성에 직접적인 장애
물이 되는 환경적 요소들이다.

'7단계 - 불편함을 받아들이는 훈련'에서는 절제를 할 때 수반되
는 '불편함'에 대해 살펴보았다. 우리는 어떤 일을 하고자 할 때마

다 불편함을 감수해야 한다. 그건 피할 수 없다.

'5단계 - 무엇을 희생할지 명확하게 인식하라'에서는 위와 같은 저항과 불편함에도 불구하고 우리의 계획을 그대로 밀고 나가려면 무언가를 포기하는 '희생'이 필요하다는 사실을 배웠다.

이러한 사실을 돌이켜봤을 때 절제력을 키우기 위해서는 대단한 '의지력Willpower'이 요구된다는 인상을 지울 수 없다. 하지만 의지력은 각종 변수에 의해 약해져 오랫동안 일정하게 유지하는 것이 불가능하다. 따라서 의지력에만 의존해서는 절제를 유지할 수 없다. 절제를 유지하기 위해서는 또 다른 방법을 사용해야 한다.

의지력이 고갈됐을 때도 절제를 유지하기 위해서는 우리가 '행동시스템System' 안에 존재해야 한다. 행동시스템은 특정 행동을 수행하기 위한 연속된 행동의 집합으로, 목적이 되는 행동과 그 행동을 수행하기 위한 방아쇠가 되는 행동으로 이뤄져있다. 행동시스템은 특정한 일을 해야 한다고 몸에 신호를 주는 루틴이다. 이러한 루틴이 습관이 되면 최소한의 생각과 노력으로 목적을 달성할 수 있게 된다.

예를 들어 당신이 매일 밤 같은 시간에 수면에 들어가기로 결정했다고 가정해보자. 당신은 물을 마시고, 내일 할 일 목록을 작성하고, 기도나 명상을 하고, 책을 읽고, 가벼운 스트레칭을 한다. 이게 당신의 저녁 루틴이고, 저녁 행동시스템이다.

그러면 당신은 이런 행동들을 하겠다고 의도적으로 생각할 필요가 없다. 행동시스템을 처음 작동시키는 '물을 마시는 행동' 외에는 어떤 행동도 의지력을 필요로 하지 않는다. 모든 행동들은 이전 행동에 따라 습관대로 이뤄져, 밤에 잠이 드는 것이 쉬워진다.

의지력보다 나은 행동시스템

2011년 미국심리학회APA가 「미국 스트레스 조사Stress in America Survey」라는 연구결과를 발표했다. 그 내용은 다음과 같다.

"대부분의 미국인93%은 새해가 되면 자신의 생활습관을 변화시킬 계획을 마련해놓은 것으로 조사되었다. 사람들은 해가 바뀌면 몸무게를 빼거나 더 많은 돈을 모으겠다는 등의 목표를 세웠다. 한편 이러한 목표 달성에 어려움을 겪게 만드는 가장 큰 원인으로는 '의지력 결핍'이 꼽혔다".

우리는 앞서 의지력의 단점에 대해 살펴보았기 때문에 이 연구결과가 그리 놀랍지 않다. 의지력 결핍이 목적 달성을 어렵게 한다는 연구결과에도 공감한다. 그럼에도 불구하고 대부분의 사람들이 의지력에 의존하려 하는 것은 안타까운 현실이다.

의지력이 절제를 발휘하기에 좋지 않은 도구라는 점은 두 가지 측면에서 살펴볼 수 있다. 첫째, 의지력은 한정적이고 고갈되기 쉬운 수단이다. 의지력에 의존해서 몸무게를 빼고 돈을 모으려 하면, 의지력이 사라졌을 때 목표 달성을 위해 절제를 발휘할 수 없게 된다.

둘째, 의지력은 감정에 의해 좌우되기 때문에 불안정하다. 절제를 발휘해야 할 순간에 당신의 감정이 어떠하냐에 따라 의지력이 오르락내리락한다. 의지력은 변덕스럽기 때문에 예측할 수가 없다.

절제를 발휘하는 행동시스템을 만들고 실행하면 더 이상 의지력에 의존하지 않아도 된다. 목표를 달성하기 위해 강한 의지력을 갖고자 고민하고 노력할 필요도 없다. 행동시스템이 당신으로 하여금 절제력을 갖추도록 만들어주기 때문이다. 행동시스템이 당신의 습관이 되고 나면 절제에 대해 일부러 생각할 필요조차 없어진다.

동기부여의 필요성이 없어진다

앞서 우리는 '동기부여Motivation'가 의지력과 마찬가지로 신뢰할 수 없다는 점을 살펴봤다. 살면서 어떤 일을 하고자 할 때 '그 일을 해야 할 동기를 느끼지 못하겠다'고 느꼈던 경험이 한 번씩 있을 것이다. 이러한 상태가 유지되면 결국 그 일을 해낼 수 없거나 수없이 미루다가 겨우 마치게 된다.

동기부여는 당신에게 에너지가 충만하다는 감정과 영감을 줄 수 있다. 이들은 당신이 어떤 방향으로 나아가야 할지를 제시해준다. 그러나 이들을 그 방향으로 나아가는 데 필요한 원동력으로 삼으면 문제가 된다. 이들은 지속적이지 못하며 변덕스럽기 때문이다. 그들이 빠르게 소진돼 사라지면 당신이 행동할 원동력도 사라지는 셈이다.

행동시스템은 동기부여를 느껴야 할 필요성을 없애준다. 당신은 어떤 행동을 취하기 위해 더 이상 에너지가 충만하다는 감정과 영감에 의지할 필요가 없어진다. 그 대신 행동시스템이 당신의 몸에게 행동을 개시해야 할 시간이 됐다는 것을 일깨워준다. 당신은 그 자리에 있기만 하면 된다.

나의 개인적인 사례를 소개하겠다. 사실 나에게 글쓰기는 쉬운 일이 아니다. 때때로 글쓰기는 전투와 같이 느껴지기도 한다. 그렇기에 매일 글을 쓰려면 어마어마한 의지력을 발휘해야만 한다.

만약 내가 의지력만으로 이 문제를 해결하려고 한다면, 매일 아침 조금씩 글을 쓸 수는 있겠지만, 책을 출간하는 데 필요한 분량을 써내지는 못할 것이다. 만약 내가 동기부여를 통해 이 문제를 해결하려고 한다면, 처음에는 열심히 글을 쓰다가 시간이 지나면 글을 써야 할 필요성을 느끼지 못하게 될 것이다.

나는 글을 쓰기 위한 행동시스템을 만들어냈다. 매일 아침 일어나자마자 물 두 컵을 마시고, 기도하고, 스트레칭을 조금 하고, 5분 동안 책을 읽는다. 이 루틴을 마치면 글을 쓸 준비가 된다. 내 몸과 마음에 책을 쓸 시간이 되었다는 메시지가 전달되는 것이다. 그러면 나의 의지력 탱크가 꽉 찼는지, 동기부여를 느끼는지와는 상관없이 글쓰기가 시작된다.

당신 내면의 비판가를 잠재운다

당신 내면에 존재하는 비판가는 반신반의, 우유부단, 차일피일을 불러온다. 이 비판가는 당신이 도전적이고 능력에 벅찬 일을 시도할 때마다, 당신을 망설이게 하고 그 일을 하지 못하도록 방해한다. 그의 힘은 아주 강력하다.

당신 내면의 비판가는 당신이 무능력하고, 기술도 없고, 준비도 안 됐다고 부정적인 평가를 들려준다. 그는 당신이 무능력하고,

스마트하지 않고, 행동할 준비가 안 됐다고 속삭인다. 만약 당신이 그의 설득에 조금이라도 틈을 주면, 당신의 절제력은 손상을 입게 될 것이다.

행동시스템을 만들고 실행하게 되면 당신의 내면에서 들려오는 비판가의 목소리를 몰아낼 수 있다. 그러면 스스로의 계획에 반신반의하거나 우유부단하고 차일피일 하는 버릇도 없어진다. 그가 계속 목소리를 낼 수는 있지만, 거의 들리지 않을 정도로 작아지기 때문에 쉽게 무시할 수 있다.

행동시스템은 여기서 더 나아가 당신 자체를 이끌어준다. 당신은 무엇을 언제 얼마만큼 해야 하는지 생각하지 않아도 알게 된다. 당신은 행동시스템을 통해 최소한의 생각과 노력만으로 목표를 달성할 수 있다.

절제 연습 #8

10분

이번 연습은 쉽고 빠르게 진행할 수 있을 뿐만 아니라 재미있기도 한다. 당신이 직접 실천할 수 있는 행동시스템을 만들어낼 것이다.

첫째, 매일매일 완수해야 하는 행동을 선택하라. 절제력이 있어야만 수행해낼 수 있는 임무여야 한다. 여기 몇 가지 예를 제시한다.

- 학습과제 완수하기
- 아침일기 쓰기
- 소설 쓰기
- 논픽션 읽기
- 기타 연주 연습하기

• 새로운 언어 배우기

둘째, 그 행동을 수행하기 전에 할 준비 행동을 나열하라. 준비 행동은 임무와 관련이 있을 수도 있고 없을 수도 있다. 예를 들어 소설을 집필하기 위해 매일 아침 글쓰기를 원한다고 가정해보자. 다음과 같은 일련의 행동을 통해 글쓰기에 도달할 수 있다.

1. 커피 한 잔 마시기
2. 5분 동안 명상하기
3. 팔굽혀펴기 20번 하기
4. 10분 동안 산책하기
5. 5분 동안 쇼팽 음악 듣기
6. 키보드가 놓인 책상 앞에 앉기
7. 소설의 줄거리를 되새겨보기
8. 글쓰기

당신은 매일 아침 준비 행동만 실행해도 글쓰기가 시작된다는 것을 깨닫게 될 것이다. 행동시스템이 당신의 습관이 되면 동기부여를 얻고자 글쓰기에 대해 일부러 생각하거나, 글쓰기를 시작하고자 많은 의지력을 발휘할 필요가 없다. 행동 시스템이 당신의 몸과 마음을 준비시켜놓기 때문이다.

9단계

스트레스 요인을 최소화하라

●

누군가 장수하기 위해 가장 중요한 것이 무엇이냐고 묻는다면,
나는 근심과 스트레스, 긴장감을 피하는 것이라고 대답할 것이다.

| 조지 번스 |

어떤 경우에는 스트레스가 유익하기도 하다. 스트레스는 당신의
안전이 위협받는 상황에서 투쟁-도피싸울 것이냐 아니면 도망갈 것이냐 반응
을 촉진한다. 다시 말해서 스트레스는 당신의 생존을 위한 행동을
하도록 동기부여를 한다.

하지만 스트레스는 당신의 정신적·육체적 건강에 점진적인 악
영향을 준다. 격심한 스트레스교통체증, 부부싸움, 임박한 마감 날짜 등를 반복
적으로 겪으면 짜증이 치밀어 오르고, 집중력이 저하되고, 수면의

질이 떨어진다. 만성적인 스트레스돈 문제, 이혼 절차 진행, 심각한 질병 등는 불안감, 지속적인 두통, 우울증을 유발할 수 있다. 스트레스가 심장질환을 일으킨다는 보고도 있다.

스트레스와 스트레스로 인한 악영향들은 모두 절제에 도움이 되지 않는다. 이들은 당신의 의지력을 갉아먹으면서 충동 조절과 보상 지연을 더 어렵게 만든다. 당신은 경험을 통해서 이런 사실을 이미 알고 있을 것이다.

더 나쁜 점은 스트레스가 '서서히' 당신을 망가뜨린다는 점이다. 그렇게 되면 우리는 스스로가 무너지고 있다는 사실을 인지하기가 어려워진다. 만약 우리가 절제에 통달하게 되면, 스트레스를 많이 받는 상황에서도 자신을 쉽게 돌아볼 수 있게 된다. 하지만 절제력을 기르기 시작하는 초기 단계에서는 스트레스는 매우 큰 걸림돌이 된다.

이런 이유 때문에 절제력을 기르는 동안에는 삶에서 마주하게 되는 스트레스를 최소화하고 조절해야 한다. 스트레스가 닥치기 전 스트레스에 대처할 방법을 미리 마련해둘 필요가 있다. 우선 스트레스가 우리의 정신에 어떻게 작용하는지를 살펴보고, 스트레스에 잘 대처할 수 있는 팁들을 알아보자.

스트레스는 어떻게 작용하는가?

우리의 두뇌는 외부적인 위협을 인지하면 스스로를 안전하게 지키기 위해 반응하게 된다. 이때 두뇌의 생존 메커니즘은 일단 전신에 경보를 울리는 것이다. 두뇌는 인지된 외부 위협의 정체를 해석하는 한편, 코르티솔과 아드레날린 호르몬을 분비시켜 우리의 몸과 마음이 일사불란하게 행동을 취하도록 준비시킨다.

이런 과정은 우리 조상들이 안전을 지키는 데에 큰 도움이 되었다. 그 시절에 인간의 삶은 위험으로 가득 차 있었기 때문에 코르티솔과 아드레날린의 분비가 생존에 아주 중요한 역할을 했다. 다만 코르티솔과 아드레날린은 '스트레스 호르몬'이라고도 불리는 물질로, 분비될 경우 우리의 몸과 정신에 조금씩 데미지를 입히는 부작용이 있다.

이러한 두뇌의 생존 메커니즘은 현대사회에서 큰 문제가 됐다. 실제로는 위협이 없는데도 불구하고, 사회가 복잡해져 우리의 두뇌가 안전을 위협받고 있다고 착각하는 일이 많아졌기 때문이다. 잘못된 위협 인식으로 인해 코르티솔과 아드레날린의 분비가 잦아지면 우리의 몸과 정신에 누적되는 데미지가 점차 커진다.

예를 들어 당신이 약속 장소로 가고 있는데 교통체증 때문에 늦

어지고 있다고 가정해보자. 중요한 미팅 약속을 지키지 못할 상황이다. 당신의 심장은 평소보다 더 빨리 뛰고 얕은 호흡을 하기 시작한다. 약속을 지킬 수 없게 됐다는 걱정이 분노로 바뀐다. 앞차들의 빨간등 행렬이 짜증과 불안에 불을 붙인다.

이게 바로 스트레스 반응이다. 우리의 두뇌는 원초적인 생존 메커니즘을 발동시켰지만 교통체증이 삶을 위협하지는 않는다. 코르티솔과 아드레날린이 분비되었어도 교통체증 상황에서 당신이 추가적으로 할 수 있는 일은 아무것도 없다. 그렇기에 두뇌의 생존 메커니즘은 불필요하고 무력하다. 그저 당신 스스로를 스트레스에 내몰고 있는 셈이다.

스트레스 반응이 반복되면 당신은 계속해서 감정적인 긴장 상황에 몰아넣어진다. 그러면 스스로를 조절하기가 점점 더 어려워진다.

스트레스가 의지력에 미치는 영향

의지력을 발휘하려면 '정신적 에너지Mental Energy'가 필요하다. 일상에서 충동과 유혹에 직면했을 때 우리는 현명한 판단을 하기 위해 노력하는데, 이 과정에서 정신적 에너지가 소모된다.

앞서 살펴본 대로, 스트레스 상황 하에서 우리의 두뇌는 '최고 경계 태세'를 유지하면서 당신의 지속적인 주의와 즉각적인 반응을 요구한다. 급작스러운 스트레스 상황이든 만성적인 스트레스 상황이든 상관없이 스트레스는 당신을 긴장시킨다. 이때 우리의 의도와는 상관없이 상당한 양의 정신적 에너지가 소모된다.

이처럼 정신적 에너지는 의지력을 발휘하는 데 사용되기도 하지만, 스트레스로 인해 소모되기도 한다. 스트레스 상황에서 의지력이 고갈되는 것은 스트레스로 인해 정신적 에너지가 이미 소진되었기 때문이다.

더군다나 스트레스 상황 하에서 우리의 두뇌는, 장기적인 목표 달성과 반대되는 명령을 내린다. 그 이유는 두뇌의 생존 메커니즘이 단기적인 보상을 확보하는 데 초점이 맞춰져있기 때문이다. 여기서 말하는 '단기적인 보상'이란 음식, 수면, 감정적 반응 등 인체의 생존과 관련된 욕구로, 대부분의 경우 장기적인 목표 달성에 방해가 되는 것들이다.

예를 들어 꼭 지켜야 하는 마감날짜가 오후로 다가왔음에도 불구하고 당신은 스트레스를 받아 점심식사를 해야만 한다. 학교 시험이 임박해 불안해진 당신은 더더욱 잠을 자고 싶어진다.

우리의 의지력은 보다 장기적인 목표를 추구할 때 사용되어야 한다. 건강을 유지하기 위해 운동을 하거나, 내년에 소설을 출간하기 위해 소설을 쓰거나, 결혼생활을 잘 지켜나가기 위해 동료의 유혹을 거절하는 데 등이다. 그러나 스트레스 상황에서 우리의 의지력은, 단기적인 보상에 집착하는 두뇌의 명령을 거부하기에만도 벅차다.

스트레스 상황에서 의지력과 두뇌는 정반대로 반응한다. 의지력은 점차 약해지는 반면 두뇌의 명령은 점차 강해진다. 당신이 지속적인 스트레스를 경험하고 있다면, 충동을 억제하면서 목표를 향해 나아갈 수 있는 당신의 능력을 이러한 반응이 완전히 압도해버릴 것이다.

그렇기에 우리는 삶속에서 가능한 스트레스적 상황을 만들지 않는 것이 좋다. 적어도 발생한 스트레스를 어떻게든 해결해야만 한다. 삶에서 맞닥뜨릴 수 있는 급성·만성 스트레스를 감소시킬 수 있는 실용적인 방법을 알아보자.

스트레스를 관리하는 방법

지금부터 제시하는 조언들은 당신이 처한 상황에 따라 작동할 수도 있고, 안 할 수도 있다. 그 중에 몇 개는 당신의 상황에 완벽하게 맞아떨어질 수 있고, 반면에 어떤 것들은 당신의 삶과 관련이 없을 수도 있다.

그러나 모든 조언들은 당신으로 하여금 삶에 대한 인식의 폭을 넓혀줄 것이다. 삶에 대한 인식의 폭을 넓히면 스트레스가 당신에게 미치는 영향을 최소화하는 능력을 갖출 수 있다.

1. 스트레스적 상황을 다시 돌아보라

어떤 일이 당신에게 스트레스를 주면 그것이 왜 그런지 자문해 보라. 그 상황은 당신의 몸과 정신이 긴장하여 즉시 반응해야 할 상황인가? 보기만큼 아주 급박한가? 혹시 당신의 두뇌가 불필요하게 경보를 울리는 것은 아닌가? 예를 들어 내일 시험이 있다고 가정해보자. 이미 시험 준비를 끝냈는데도 불구하고 당신의 두뇌는 불필요하게 경계 태세를 보내고 있을 수 있다.

2. 업무를 위임하라

만약 당신의 업무 강도가 지나치게 높다고 생각되면, 당신의 업무 리스트를 살펴보며 그것들을 다 내가 해야만 하는지 자문해 보라. 위임할 수 있는 업무가 있는가? 일을 맡길 수 있는 동료가 있는가? 그 업무를 집에 가져가면 어떤가? 의외로 당신의 자녀가 하나 또는 두 개의 업무를 대신 처리해줄 수도 있다.

3. 환경을 바꿔라

유해한 업무공간은 큰 스트레스를 유발한다. 유해한 집 공간도
마찬가지로 큰 스트레스를 유발한다. 이런 환경에 머물러 있어
야 하는지 자문해보라. 당신의 상사와 동료들이 좀 더 적합한
업무공간을 구할 수 있는가? 나쁜 룸메이트나 당신을 방해하는
가족으로부터 벗어나 살 수 있는가를 고민해보라.

4. 마음 챙김 명상을 하라

명상은 생각보다 저평가받고 있다. 그 이유는 사람들이 명상을
잘못 이해하고 있기 때문이다. 우리는 흔히 명상이라 하면 책상
다리를 하고 앉아 엄지와 검지를 맞대는 것을 상상한다. 이밖에
명상에 사용되는 종소리와 똑똑 떨어지는 물방울, 만트라의 속
삭임 같은 것을 떠올릴지도 모른다. 이러한 이미지와 상관없이
명상은 마음의 스트레스를 감소시켜준다는 점을 기억해야 한
다. 이러한 사실을 증명하는 수많은 연구결과도 있다.

5. 자기 돌봄을 최우선순위로 두어라

건강한 다이어트를 하고, 푹 자고, 매일 운동하라 느긋한 산책도 좋다.

정기적으로 당신의 감정 상태를 점검하라. 당신 내면의 비판가에게 꺼지라고 말하라. 삶이 빡빡해질 때는 이런 간단한 일들을 하는 것을 망각하기가 쉽다. 이런 일들은 당신의 스트레스를 관리하는 데에 효과가 있다는 점을 명심하라.

6. 새로운 친구를 사귀어라

고립과 외로움은 스트레스를 준다. 고립되었다거나 외롭다고 느낀다면, 새로운 사람을 만나도록 노력하라. 시간을 내서 애완견 돌봄 센터에서 자원봉사를 해보라. 지역 독서 클럽에 가입하라. 요리 교실에 등록하라. 당신이 좋아하는 카페에서 자주 오는 다른 손님과 대화할 기회를 만들어보라. 만약 당신이 내성적이라면 이게 쉬운 일은 아닐 것이다. 그러나 삶을 다른 시각에서 바라보기 위해서는, 한 사람이라도 새로운 친구를 사귀는 것이 좋다.

7. 믿을 수 있는 사람과 얘기하라

때로는 아주 심각하거나 급박하거나 끈덕진 스트레스 상황에 놓일 수도 있다. 예를 들어 당신과 가까운 사람이 세상을 떠났거나, 당신이 직장에서 해고되었거나, 이혼 절차를 밟고 있거나, 심각한 질병을 앓거나 부상을 입었을 수 있다. 이런 일을 당했을 때 조용히 있어서는 안 된다. 겉으로 아무렇지 않은 척 할 필요가 없다. 믿을 수 있는 친구나 가족, 아니면 경험이 많은 전문 심리상담사에게 털어놔라.

여기까지 스트레스를 논하는 데 많은 시간을 들였다. 그 이유는 스트레스가 절제력을 약화시키고 파괴하는 강력한 영향력을 지녔기 때문이다. 일단 스트레스를 잘 관리하게 되면, 충동을 조절하는 일과 포기하고 싶은 유혹을 받았을 때 끝까지 버텨내는 일이 훨씬 더 쉬워지는 것을 느끼게 될 것이다.

절제 연습 #9

첫째, 당신이 살면서 경험해본 다섯 가지 스트레스 요인을 적어라. 그 스트레스 요인은 급성적인 것일 수도 있고 만성적인 것일 수도 있다. 또는 직장생활과 관련된 것일 수도 있고 가정생활과 관련된 것일 수도 있다. 다른 사람들과 관련된 문제일 수도 있고 당신 혼자만의 문제일 수도 있다.

둘째, 다섯 가지 요인들로 인해 스트레스를 받았을 때, 그 요인들을 해결하거나 스트레스를 해소할 수 있는 방안을 각각 적어라. 무엇이 됐든 오늘 당장 시작할 수 있는 것이어야 한다.

예를 들어 아침 출근 때문에 스트레스를 받고 있다고 가정해보자. 스트레스를 받을 때 심호흡하기 운동을 해볼 수 있을 것이다. 아니면 10분 일찍 집에서 출발하거나, 출근하는 동안 영감을 주는 오디오북을 들을 수도 있다. 외로움 때문에 스트레스를 받고 있다고 가정해보자. 오늘 오후에 낯선 사람에게 인사하기를 시도해볼 수 있다. 식료품 가게에서도 좋고, 당신이 좋아하는 카페나 동네 공원에서도 좋다.

이 연습의 목적이 당신의 삶에서 스트레스를 아예 없애버리는 데 있는 것은 아니다. 그보다는 스트레스를 받더라도 그 영향을 경감시키는 간단하고 실질적인 단계를 찾아내는 데 도움을 주기 위해서다.

이 연습 과정을 통해 당신은 '자신을 조절할 수 있는 능력'을 당신의 생각보다 훨씬 더 많이 가졌다는 사실을 인식할 수 있을 것이다.

시행착오를 겪어도 자책하지 말라

◆

당신은 스스로의 모든 실수를 용서해야 한다.
왜냐하면 당신은 올바른 일을 하려고 노력했기 때문이다.

| 마야 안젤루 |

절제를 마스터하는 길은 그리 순탄하지가 않다. 잘 나갈 때도 있고 헤맬 때도 있는 등 성공과 실패를 오락가락 할 것이다. 때로는 절제를 하기 위한 모든 재료가 당신에게 갖춰져 있어, 충동을 확실하게 억제하고 승리를 만끽할 수 있을 것이다. 때로는 당신이 게으름에 빠져있어, 즉각적인 보상을 추구하는 바람에 목적을 달성하기 위한 계획이 비틀거릴 것이다.

그러나 이런 일을 겪는 것은 지극히 정상적인 과정이다. 사람이 성장하는 일에는 항상 실패하고 후회하는 과정이 있다. 이것은 인생이라는 여행에 필수적으로 들어가있는 한 부분이다. 누구나 실패와 실수를 한 뒤 후회하는 경험을 한다.

그리고 이러한 실패와 후회 뒤에는 자신을 용서해야 한다. 우리는 때때로 자신의 실패를 용서하지 못할 때가 있다. 당신이 비틀거릴 때는 당신 자신에 대한 연민을 가져라. 자신을 채찍질하는 대신에 자신을 사슬에서 풀어줘라.

이것은 당신의 잘못된 결정과 행동을 방관하거나 잊어버리라는 의미가 아니다. 당신은 스스로에 대한 용서를 통해 당신의 한계점을 깨닫고 왜 그런 일이 발생했는지 알아내고 거기로부터 배워야 한다. 그것이 중요하다.

실수를 통해 배우는 것

우리는 여러 가지 이유로 인해 실수를 저지른다. '자기인식 부족'은 실수를 발생시키는 이유 중 하나다. 대개 우리는 스스로의 약점에 대해 직시할 줄을 모른다. 그러다보니 자신이 지닌 '유혹에 저항하는 능력'을 과대평가하기도 한다. 예를 들어 우리는 다이어트 중 실수로 초콜릿 한 조각을 먹을 수 있다. 그러면서 '더 이상 먹지 않을 자신이 있다'고 믿지만, 결국 참지 못하고 더 많은 초콜 릿을 먹는다.

때로는 스트레스 때문에 실수를 저지르기도 한다. 우리의 정신이 스트레스로 인해 압박을 받으면, 안도감을 느끼고 싶어 초콜릿 먹고 싶은 유혹에 굴복하곤 한다. 아쉽지만 스트레스로 인해 의지력이 완벽히 고갈된 상황에서도 유지될 수 있는 절제 시스템 같은 건 없다. 그렇기에 아무리 절제의 마스터라 해도 스트레스적 상황에서는 실수를 하기 마련이다.

때로는 판단착오 때문에 실수를 한다. 예를 들어 정크푸드를 먹지 않기로 했는데 어느날 아침식사를 준비할 시간을 충분히 확보하지 못했으면, 절제와 반대되는 결정을 하게 된다. "아침식사를 준비할 시간이 없으니까 이 도넛이라도 먹어야겠다"라고 하면서 말이다.

우리가 실수를 했다는 사실 자체는 문제가 되지 않는다. 다시 말하지만 실수를 하는 건 자연스런 일이다. 진짜 문제는 똑같은 실수를 반복해서 저지르는 것이다. 혹은 그 실수로부터 배우기를 거부하는 것이다.

모든 실수는 배움의 기회를 준다. 실수를 저질렀다는 사실을 직시하고 그것을 자기 것으로 만들려고 하면 실수가 제공하는 교훈을 배울 수 있다. 이때 배울 수 있는 교훈에는 우리가 왜 그런 실수를 저질렀는지와 그런 실수를 반복하지 않도록 하기 위한 방법들이 있다.

더 나아가 실패에서 교훈은 얻는 과정을 반복할수록 우리의 사고관은 미래지향적으로 바뀐다. 이는 향후 우리 자신의 실수를 더욱 더 수월하게 받아들이도록 만들어준다. 동시에 절제를 통해 목표를 성취하는 데 큰 도움이 된다.

실패는 끝이 아니다

우리는 '실수Mistake'가 아닌 '실패Failure'를 하기도 한다. 실수는 목표를 향해 달려가는 길의 도중에 목표 달성에 방해되는 행동을 한 것이라면, 실패는 세워둔 목표를 달성하지 못한 결과라 할 수 있다.

많은 사람들이 실패를 경험한 뒤 포기해버리는 선택을 한다. 물론 그런 상황이 전혀 이해가 안 되는 건 아니다. 실패를 하면 의기소침해지고 심적으로 큰 고통을 느끼게 된다. 다른 사람들이 그 실패에 대해 언급하기라도 하면 곤혹스러움을 느낄 수도 있다. 실패를 받아들이고 또 다시 실패할 위험을 무릅쓰기보다는, 매일 실패를 되새길 가능성이 크다.

오늘날 내가 실패라는 결과를 맞이한 것은, 분명 과거의 내가 목표나 기대를 달성하기에 미흡한 행동을 했기 때문이다. 그러나 실패 앞에서 모든 걸 포기해버리는 사람들은 이 부분을 고민해보지 않고 실패를 인정해버린다. 그들도 '실패는 성공의 어머니다'라는 말을 모르는 것은 아니지만, '결과가 나왔으면 거기서 끝이다'라는 생각이 앞서는 것이다. 그러나 이러한 생각은 목표와 열망을 포기하는 것을 합리화하기 위한 핑곗거리일 뿐이다.

우리에게는 다시금 도전할 기회가 있다. 여기가 끝이라고 간주해버리면 그러한 기회를 놓치게 된다. 실패의 원인을 파악하고 재구성하면 실패는 오히려 우리에게 이익을 준다. 예를 들어 당신이 매일 아침 조깅을 하려고 목표를 세웠으나 실패해버린 경우를 가정해보자. 포기하는 대신에 숨겨진 실패의 원인을 찾아보라. 아마도 당신은 다음과 같은 문제를 갖고 있었을 것이다.

- 충분히 잠을 못 잤다.
- 너무 늦게 일어났다.
- 알람 소리를 누르고 다시 자버렸다.
- 매일 아침 조깅을 해야 하는 확실한 이유를 찾지 못했다.
- 잘못된 다이어트 때문에 피곤함을 느꼈다.

문제점을 파악했다면 그 문제점을 단계적으로 해결해야 한다. 일찍 잠자리에 들기로 결심할 수 있고, 20분 더 일찍 일어나거나, 알람 소리를 누르고 다시 잠에 들지 않도록 조치할 수 있다. 조깅을 해야 할 이유에 대해서도 더 고민해볼 수 있다. 충분한 에너지를 갖기 위해 다이어트 방법을 개선할 수도 있다.

이 과정을 실행하면 이전까지의 도전이 실패로 귀결됐던 원인을 해결할 수 있다. 실패를 피할 수 있도록 행동을 수정하여 다시 도전하면 된다. 설령 같은 목표에 다시 도전하지는 않더라도 실패에 대한 분석은 살면서 유의해야 할 필요가 있는 다른 지점에 대한 통찰로 남는다.

실수와 실패로 자신을 규정하지 말라

당신은 자신의 이미지를 실수와 실패에 고정시키려는 강박관념을 갖고 있을지도 모른다. '나는 실수쟁이다, 나는 실패자다'라는 자기비하적 생각을 반복하고 있을 수 있다. 그렇지는 않더라도 실수와 실패가 당신의 가치를 결정한다고 생각할 수 있다.

사실 이것은 너무도 자연스러운 일이다. 이런 생각은 우리의 직관에도 부합하는 면이 있기 때문이다. 그럼에도 불구하고 당신은 당신이 저지른 실수 또는 실패를, 자신에 대한 인식과 결부시키지 말아야 한다. 당신이 저지른 실수가 당신을 규정하지 않는다. 당신의 실패는 당신의 의지력, 가치관, 신념, 또는 학습 능력을 나타내는 척도가 아니다.

절제력을 기르는 길은 멀다. 또 그 길에는 당신을 옆길로 새도록 끊임없이 유혹하는 함정과 덫이 가득하다. 당신은 더 이상 헤맬 수 없을 정도로 헤맬 것이다. 당신은 때때로 실수를 저지르기도 할 것이다. 또 충동에 굴복하기도 할 것이다.

그런 때에 자신을 비난하거나 부끄러워하지 말라. 대신에 자신에게 연민과 동정심을 가져라. 자신을 용서하라. 실수와 실패가 끝이 아니라는 사실을 명심하라. 실수와 실패는 당신이 설정해 놓은 목표에 더 가까이 다가가도록 도와준다. 핵심 열쇠는 당신의 결심과 행동에 대한 통찰력을 찾는 것이다.

절제 연습 #10

첫째, 우선 최근 당신이 충동과 유혹에 굴복했던 세 가지 경험을 적어라. 예를 들어 정크푸드를 안 먹기로 해놓고 캔디바를 먹었을 수 있다. 다가오는 시험에 대비해 공부를 해야 한다는 것을 알면서 친구와 놀러나갔을 수 있다. 운동하러 체육관에 가야 하는데 텔레비전을 봤을 수도 있다.

둘째, 세 가지 실수에 대해 각각 당신이 왜 그런 결정을 했는지 자문해보라. 점심을 건너뛰었다보니 배가 고파서 캔디바를 먹었을지 모른다. 외로움을 느꼈기 때문에 친구와 놀러나갔을지 모른다. 또 에너지가 고갈돼서 체육관에 가는 대신 텔레비전을 보기로 했는지 모른다.

셋째, 실수를 저지르게 만든 원인을 제거할 방법을 찾아라. 예를 들어 정크푸드를 먹고 싶은 유혹을 없애기 위해, 미리 건강한 점심식사를 하여 배고픔을 해결해놓을 수 있다.

넷째, 당신이 저지른 실수들과 당신 자신의 이미지를 분리시켜라. 당신이 실수를 했다는 사실은 알아차리되, 그 실수가 불가피했다고 자신에게 상기시켜라.

다섯째, 이 연습의 마지막 단계는 당신이 그런 실수를 다시 반복하지 않게끔 하는 것이다. 후회와 수치심에 빠지는 대신에 통찰력을 갖고 앞으로 나아가면, 실수를 저지른 당신을 기꺼이 용서할 수 있게 된다.

Tip1

책임감을 키워줄 파트너를 찾아라

———————— • ————————

대부분의 사람들은 욕구 부족이 아니라
실행 부족 때문에 실패한다.
| 빈스 롬바르디 |

앞서 '2단계 - 성취도를 체계적으로 측정하라'에서는 성취도를 측
정하는 방법과 그 장점에 대해 살펴봤다. 절제력을 키우는 과정에
측정시스템을 도입하면 진행 정도를 관찰할 수 있어 결과에 '책임
지는' 자세를 견지할 수 있다. 이는 절제력을 기르기 위해 필수적
인 조건이다.

파트너가 필요하다

당신의 측정시스템에 다른 사람을 끌어들이는 것은 매우 효율적인 방법이다. 다른 사람에게 자신의 목표와 열망을 공유하고 그것을 이루기 위해 어떤 계획을 갖고 있는지를 자세히 설명하면, 당신은 더 크게 노력할 동기부여를 얻는다.

이러한 동기부여는 당신에게 책임감에 대한 새로운 영감을 준다. 당신은 이전까지의 당신이 느끼고 있던 개인적인 수준에서의 책임감과는 전혀 다른 차원의 책임감을 느끼게 될 것이다. 이러한 종류의 책임감은 개인적인 책임감만으로는 해낼 수 없었던 일을 해낼 수 있게 한다.

그렇기에 다른 사람에게 당신의 목표와 계획을 설명하는 일은, 그 사람을 당신의 계획을 도와주는 파트너로 만드는 것이다. 그 사람은 당신을 응원하고 격려할 것이다. 그러나 당신이 원하는 결과를 만들어내지 못하면 그 사람은 당신에게 압력을 넣을 것이다.

당신의 파트너는 당신이 목표를 향해 제대로 나아가도록 당신을 도울 것이다. 당신의 길 앞에 장애물이 놓여있다면, 파트너는 당신이 그것을 파악하고 깨부수도록 도울 것이다. 당신이 목표를 잃고 헤매거나 작은 성공에 심취해있을 때 파트너는 당신이 자기 자신에게 솔직해지도록 격려할 것이다.

믿을 수 있는 파트너는 동료, 친구, 컨설턴트, 지원팀 이 모든 것들을 하나로 묶은 역할을 한다. 그는 당신이 목표를 성취하기 위해 필요한 모든 일을 할 것이다. 이런 사람이 당신 곁에 있으면, 당신은 당신이 가진 모든 것을 투자할 정도로 대담해질 수 있다.

파트너를 활용하는 방법

당신은 파트너에게 당신을 점검하는 일을 맡길 수 있다. 매일매일 당신이 제대로 나아가고 있는지를 최소한의 한도 내에서 체크해 달라고 부탁하는 것이다. 이러한 점검은 당신에게 책임감을 부여한다.

예를 들어 파트너는 당신에게 "오늘 ○○ 일을 했어?"라는 간단한 질문을 물어볼 수 있다. 이런 점검은 수시로 거는 짧은 통화에서 이뤄질 수도 있고, 아니면 당신이 스스로 정한 마감날짜에 파트너가 걸어주는 5분 동안의 영상 미팅으로 이뤄질 수도 있다.

이것만으로도 충분할 수 있으나, 보다 더 높은 수준의 점검 과정을 도입하면 더 높은 책임감이 발휘된다.

예를 들어 당신은 매일 오후 상세한 성과 보고서를 작성하여 파트너에게 제출할 수 있다. 파트너에게는 당신에게 보고서를 제출하도록 요구하라고 요청해두는 것이다. 보고서에는 당신이 그날 그날 취한 행동과 직면한 문제들을 적는다. 당신의 파트너는 그 문제의 원인을 파악하고, 장래에 마주할 문제들을 피하거나 해결하는 데 도움이 되는 질문을 당신에게 던질 수 있다.

아니면 파트너가 당신의 감정 상태를 잘 살피도록 요청할 수 있다. 그렇게 하면 당신이 특정한 감정에 얽매여 부정적인 행동을 할 때, 파트너는 당신이 스스로의 감정 상태를 진단하는 데 도움을 줄 것이다. 예를 들어 화가 나서 정크푸드를 먹는다면, 혹은 스트레스를 받아서 그날 해야 할 일을 건너뛴다면 파트너는 당신으로 하여금 이러한 지점에 대해 다시 생각해보라고 짚어줄 것이다.

당신의 파트너와 파트너십을 맺고 활용하는 일 또한 전적으로 당신에게 달려있다. 당신의 기질과 필요에 맞춰 파트너를 찾고 그 활용 방법을 설계하라.

이상적인 파트너 찾기

아무나 당신의 좋은 파트너가 되어줄 수 있는 것은 아니다. 파트너는 당신을 돕는 일을 책임감 있게 수행할 수 있어야 한다. 그렇기에 적합한 파트너를 찾는 일은 매우 중요하다.

이상적인 파트너는 여러 형태로 당신에게 나타날 수 있다. 파트너는 당신의 신뢰할 만한 친구일 수도 있고 당신에게 용기와 영감을 주던 코치일 수도 있다. 당신이 믿고 따르는 멘토이거나 예전의 사업 파트너 또는 현재의 직장 동료일 수도 있다. 또는 동네 자원봉사 그룹이나 비슷한 목표를 가진 온라인 커뮤니티에서 만난 사람일 수도 있다.

누구에게 파트너 역할을 맡길지는 당신이 선택해야 한다. 개인 외에 그룹 또한 파트너의 역할을 할 수 있다. 그들은 당신의 성공에 결정적인 역할을 할 것이다.

파트너를 선택할 때 알아야 할 팁 몇 가지를 제시하겠다.

첫째, 당신의 파트너는 당신에 대한 편견이 없어야 한다. 당신을 점검할 때 가능한 객관성을 지녀야 하기 때문이다. 당신을 동정하는 사람이어서는 곤란하다. 당신이 목표와 계획에 반하는 행동을 할 때 당신에게 기꺼이 주의를 줄 수 있는 사람이어야 한다.

둘째, 당신의 파트너는 당신이 존경하고 신뢰할 수 있는 사람이어야 한다. 이미 절제하는 생활을 하고 있고 그 성공 경험을 당신에게 기꺼이 나눠주고 싶어하는 사람이라면 금상첨화다.

셋째, 당신의 파트너는 당신이 약점을 털어놓기에 부담이 없는 사람이어야 한다. 이 사람에게 당신의 성공 경험은 물론, 실수와 실패에 대해서도 털어놓아야 한다는 사실을 고려하라. 당신이 두려움과 수치심을 느끼지 않고 실수와 실패에 대해 얘기할 수 있는 사람이어야 한다.

파트너를 선택하는 데 충분한 시간을 가져라. 당신이 그 사람에게 오랜 시간 솔직한 태도를 유지해보면, 그 사람이 당신에게 도움을 줄 사람인지 결국 해를 끼칠 사람인지를 구별할 수 있다.

절제 연습 #11

이번 연습은 두 개의 스텝으로 구성되어있다.

첫째, 파트너를 활용한 측정시스템의 형태를 상세히 설계해보라.

하루에 한 번 메시지 교환을 통해 진척 상황을 점검받기를 원하는가? 아니면 하루에 두 번씩 화상회의를 갖기를 원하는가? 혹은 당신이 특정 임무를 완수했는지 여부만 확인받기를 원하는가? 아니면 더 상세한 점검을 받기를 원하는가? 어떤 형태든지 당신이 원하는 대로 설계할 수 있다. 물론 실행을 한 뒤 도중에 수정할 수도 있다.

가장 중요한 점은 당신에게 적합한 점검 형태를 찾아야 한다는 것이다. 그래야 파트너의 점검이 당신이 제대로 임무를 수행하는 데 도움이 되기 때문이다.

둘째, 이상적인 파트너를 선택하라. 후보들을 종이에 써놓고 찾는 방법이 가장 좋다.

당신의 삶에 동기를 유발할 수 있는 모든 사람들을 생각해 보고 그들의 이름을 적어라. 각자에 대해 생각해보면서 그 사람이 당신의 결정이나 행동에 대해, 당신을 지원하는 입장에서 도움을 줄 수 있는지 자문해보라.

혹시 그 사람이 당신의 목표와 열망에 반대되는 일을 하라고 당신을 다그친 적이 있는가? 만약 '그렇다'라면, 그 사람 이름 위에 선을 그어라. 당신의 이상적인 파트너는 이런 과정을 거친 후 남아있는 명단 속에서 찾을 수 있다.

Tip2

결과가 좋다면 스스로에게 보상하라

자기 자신을 극복한 사람만이 자유로울 수 있다.

| 에픽테토스 |

『습관의 힘The Power of Habit, 2012』의 저자 찰스 두히그는 '습관고리 Habit Loop'에 대해 설명한 바 있다. 습관을 형성하는 데 필요한 일종 의 준비물인 습관고리는 다음과 같은 세 가지 요소로 형성된다.

1. 행동을 유발하는 방아쇠

2. 방아쇠를 당기고 나서의 반응

3. 반응에 대한 보상

두히그는 습관고리가 우리의 습관을 만드는 데 매우 중요한 역할을 한다고 역설했다. 좋은 습관이든 나쁜 습관이든 상관없이 말이다.

세 가지 요소 모두 중요하지만, 여기서는 세 번째 요소인 '반응에 대한 보상'에 초점을 맞출 것이다.

'보상Reward'은 우리에게 지대한 영향을 준다. 보상은 우리가 특정한 방향으로 행동하도록 동기를 부여하며, 매순간 우리의 의사결정 과정에 영향을 끼친다. 만약 보상을 올바르게 활용할 수 있다면 우리가 절제력을 기르는 데 유용한 도구가 될 것이다.

보상과 벌칙의 형태

보상을 논할 때 빠질 수 없는 것이 바로 '벌칙Consequence'에 대한 얘기다. 벌칙은 보상과 마찬가지로 습관 형성에 강력한 영향을 미치는 도구 중 하나다. 우리는 보상과 벌칙 두 가지를 한꺼번에 활용하여 우리의 행동과 결정에 좋은 영향을 미칠 수 있다.

기본적으로 보상은 우리가 절제를 성공했을 때 주어지는 것이고, 벌칙은 우리가 절제에 실패했을 때 주어지는 것이다. 이때 주의할 점은 보상이든, 벌칙이든 '무언가를 더하는 것'이라는 고정관

넘에 빠지지 않는 것이다.

우리는 보상을 정할 때 '좋아하는 것을 더하는 것'만 생각하고, 벌칙을 정할 때 '싫어하는 것을 더하는 것'만 생각하는 경향이 있다. 그러나 보상 중에는 '싫어하는 것을 빼는 것'도 있을 수 있고, 벌칙 중에는 '좋아하는 것을 빼는 것'도 있을 수 있다. 이러한 점을 간과한 상태에서 절제력을 키우는 데 보상과 벌칙을 도입하면, 그 활용 범위가 대단히 제한된다.

보상과 벌칙이 당신의 행동을 강화하거나 막을 때는 '더하기 보상', '더하기 벌칙', '빼기 보상', '빼기 벌칙' 네 종류의 메커니즘이 작동한다. 네 종류의 메커니즘을 자유자재로 적용할 수 있을 때, 강력한 효과를 지닌 보상·벌칙 시스템을 만들 수 있다.

'더하기 보상'에 대해 먼저 살펴보자. 당신은 몸무게를 빼고 싶어 정크푸드를 안 먹기로 결심했다. 이때 당신은 정크푸드를 안 먹는 대신 영화 보러가는 것을 허용할 수 있다. 절제에 대한 보상으로 좋아하는 것을 한 가지 더하는 것이다.

'더하기 벌칙'은 절제에 실패할 때마다 집의 화장실 청소를 하는 것 등으로 정할 수 있다. 충동에 굴복할 경우에 벌칙으로 당신의 할 일 목록에 하기 싫은 것을 더하는 것이다.

'빼기 보상'의 예시로는 다이어트 식단에서 양배추당신이 싫어하는 야채를 빼는 것을 들 수 있다. 절제에 대한 보상으로 당신이 싫어하는 어떤 것을 안 하는 것이다.

'빼기 벌칙'의 예시로는 인터넷을 금지하는 것을 들 수 있다. 절제력을 발휘하지 못한 벌로 당신이 즐기는 어떤 것을 스스로 금지하는 것이다.

이런 관점에서 보상과 벌칙은 똑같은 효과를 낸다. 다만 보상과 벌칙을 함께 사용할 경우 둘이 합쳐 두 배의 역량을 발휘할 수 있다. 보상은 목표를 잘 지키도록 동기부여를 할 수 있고, 벌칙은 유혹에 굴복하지 않도록 더 노력하게 만들어줄 수 있다.

맞춤형 보상·벌칙 시스템

당신은 자신에게 맞게 설계된 보상·벌칙 시스템을 구축해야 한다. 생산적이고 신뢰할 수 있는 보상·벌칙 시스템을 만들면, 그것들은 당신이 절제를 잘 유지하도록 동기부여를 할 것이다.

우선은 어떤 보상과 벌칙이 나를 효율적으로 자극하는지를 파악해야 한다. 보상에 대해서는 내가 어떤 상황일 때 충분히 만족하는지를 찾아내야 한다. 마찬가지로 벌칙에 대해서는 내가 어떤 상황일 때 충분히 불유쾌한지를 찾아내야 한다.

보상과 벌칙의 방향을 정했다면 구체적으로 보상·벌칙 시스템을 설계하라. 예를 들어 절제를 발휘했을 때 영화 관람하기를 보상으로 정했다고 생각해보자. 보고 싶은 영화를 선택하고, 관람 시간도 선택하라. 절제력을 잃었을 경우 자신에게 주는 벌칙이 인터넷 금지라고 생각해보자. 얼마 동안45분, 언제부터 언제까지오후 7시부터 7시 45분까지라는 벌칙의 시간도 정하라.

절제를 발휘해서 성공적으로 유혹을 이겨낸 경우에 실제로 자신에게 보상을 하라. 절제력을 잃은 경우에는 실제로 벌칙을 가하라. 보상과 벌칙이 실제로 이행되지 못하면 시스템은 무의미하게 된다.

또한 실행해보기 전까지는 그 시스템이 효과가 있는지 여부를 알 수 없다. 즉 아무리 확신이 드는 보상과 벌칙이라도 우선은 실행해보고 효과가 나타나는지를 측정해야 한다. 실행 결과 당신의 절제력이 개선되지 않았다면, 다른 보상과 벌칙을 알아봐야 한다.

보상과 벌칙은 반드시 분리되어 있어야 한다. 예를 들어 보상이 영화 관람이라면, 벌칙이 영화 관람 포기가 되어서는 안 된다. 반대로 벌칙이 인터넷 금지라면, 보상이 인터넷 허용이 되어서는 안 된다.

보상·벌칙 시스템은 각기 별도로 진행된다. 벌칙의 내용이 전에 얻은 보상을 없애는 것이라면 당신의 기운을 두 배로 빠지게 만들고, 당신의 태도를 냉소적으로 만든다. 보상의 내용이 이미 적용된 벌칙을 취소하는 것이라면, 벌칙의 영향력을 감소시키고 의미를 퇴색시킨다.

마지막으로 너무 지나치게 엄격한 벌칙을 선택하지 마라. 벌칙이란 당신의 행동에 영향을 줄 정도의 불유쾌함만 느끼게 하면 충분하다. 너무 가혹해서 당신의 정신적 에너지를 질식시키는 정도가 되어서는 안 된다.

절제 연습 #12

| 소요 시간 |

10분

이번 연습은 매우 간단하다. 두 종류의 리스트를 만들고 다음의 내용들을 적으면 된다.

첫째, 첫 번째 리스트에 '하고 싶은 일'을 세 가지 적어라. 영화 관람, 특별한 간식 먹기, 또는 친구와 만나서 커피 마시기 등이 포함될 수 있다.

둘째, 첫 번째 리스트에 '늘 하고 있으나 하기 싫은 일' 세 가지를 적어라. 양배추 먹기, 방 청소, 아침 조깅 등이 포함될 수 있다.

셋째, 두 번째 리스트에 '금지되면 그리워하게 될 일' 세 가지를 적어라. 비디오 게임 하기, 즐겁게 책 읽기, 텔레비전 시청 등이 포함될 수 있다.

넷째, 두 번째 리스트에 '하기 싫은 일' 세 가지를 적어라. 팔굽혀펴기 50번 하기, 화장실 청소하기, 탐탁지 못한 자선기관에 기부하기 등이 포함될 수 있다.

첫 번째 리스트는 보상의 리스트다. 절제를 발휘했을 때 당신은 리스트의 내용대로, '하고 싶은 일'을 하거나^{더하기 보상}, '늘 하고 있으나 하기 싫은 일'을 하지 않는^{빼기 보상} 방식으로 스스로에게 보상할 수 있다.

두 번째 리스트는 벌칙의 리스트다. 충동과 유혹에 넘어갔을 때 당신은 리스트의 내용대로, '금지되면 괴로운 일'을 안 하거나^{빼기 벌칙}, '하기 싫은 일'을 하는^{더하기 벌칙} 방식으로 스스로에게 벌칙을 가할 수 있다.

두 리스트를 뒤섞지 말고, 보상과 벌칙을 분리 적용하라. 나는 개인적으로 절제를 유지하지 못했을 때 빼기 벌칙을 가하는 것을 더 선호한다. 그게 나에게는 더 잘 맞는다. 당신도 연습을 실천해보면서 당신에게 적합한 방법을 찾아보라.

Tip3

따라할 수 있는 롤모델을 찾아라

우리는 우리가 존경하는 사람처럼 되고 싶어한다.

| 토마스 먼슨 |

절제력을 키우는 일은 대체로 사적인 영역에 속해있다. 당신은 당
신의 동기부여, 의지력, 영감에 의지해서 절제력을 기른다. 당신
은 다른 사람들에게 의지하지 않고 오로지 스스로에게 의지하여
목표를 설정하고 시스템을 만든다. 당신은 당신의 능력을 발휘해
서 도전을 극복하고 해결한다.

　그러나 'Tip1 - 책임감을 키워줄 당신의 파트너'에서 살펴본 것
처럼, 절제력을 기르는 데에는 타인의 도움을 얻는 방법도 존재한

다. 이와 비슷하게 절제력을 기르는 데 타인의 도움을 얻는 방법 중 하나가 '롤모델Role Model'을 설정하는 것이다.

롤모델은 절제와 목표 달성에 있어 당신이 참조할 수 있는 모범이 된다. 당신은 목표 설정, 행동, 동기부여 등 다양한 측면에서 롤모델을 따라하여 당신의 절제력을 효과적으로 향상시킬 수 있다.

만약 당신이 극도의 개인주의자라면 롤모델을 찾는 것이 당신의 천성에 반하는 일이 될지도 모른다. 당신은 혼자서 일을 해결하는 데 익숙하기 때문이다. 당신에게 영감을 주고 가이드를 해줄 사람을 찾는 것이 당신에게는 부자연스러운 일일 수 있다.

하지만 설령 당신이 그런 사람일지라도 롤모델을 설정하는 연습을 해보길 추천한다. 당신의 목표 달성에 적합한 롤모델을 찾으면 매우 많은 이득을 볼 수 있기 때문이다. 롤모델은 당신이 일상적인 장애물과 반복적으로 발생하는 어려움을 극복하는 데 도움을 줄 수 있고, 포기하려는 생각이 들 때 용기를 북돋워줄 수 있다.

인생 속의 롤모델과 정체성 형성

우선 '롤모델이란 무엇인지'에 대해 생각해볼 필요가 있다. 당신이 아무리 개인주의적인 성향을 가졌더라도, 당신의 삶에는 이미 롤모델이 있었다. 어릴 적에는 부모가, 학창시절에는 친구들과 선생님이 당신에게 영향을 주었다. 사회 초년생으로 직장에 들어갔을 때는 지식이 아주 많고, 일을 능숙하게 해내고, 영향력이 큰 직장 상사에게 존경심을 가졌을 수도 있다.

당신의 롤모델들은 다양한 방향으로 당신에게 영향을 주었을 것이다. 그들은 당신이 어떻게 일을 시작해야 할지 몰라 우물쭈물하고 있을 때 출발점을 알려주었다. 그들은 당신이 본받고 싶은 성공의 예를 보여주었다. 그들은 성공에 이르도록 만들어주는 습관을 알려주었다.

그들은 인생길에 놓인 장애물을 극복할 수 있는 방법이 무엇인지에 대한 영감을 주었다. 그들은 포기하고 싶은 순간이 왔을 때 포기하지 않고, 더 많은 것들을 성취할 수 있도록 당신에게 동기부여를 했다. 그들은 불안감과 두려움에도 불구하고 위험을 감수하고 나아갈 수 있는 용기를 당신에게 주었다.

물론 완전무결한 롤모델은 없다. 다른 사람들과 마찬가지로 그들도 실수를 한다. 하지만 그게 오히려 당신에게 이익이 되기도 한다. 그들이 실수를 저지르고 나서 어떻게 그걸 딛고 일어서는지를 바라보면서, 실수에 대한 당신의 마음가짐을 바꿀 수 있기 때문이다. 당신은 실수가 후회와 수치심을 유발하기만 하는 게 아니라 배우는 기회가 되기도 한다는 것을 인식하기 시작한다.

쉽게 말해 살아가다보면 당신이 존경을 표할만한^{무의식적으로라도} 사람들을 만나게 되고, 그런 롤모델들은 당신의 정체성 형성에 도움이 된다는 것이다. 그들은 가치관, 신념, 열망의 측면에서 당신이 어떤 사람이 될지를 정의하는 데 중요한 역할을 한다.

절제력을 기를 때 이러한 롤모델이 있으면 당신의 강력한 우군이 되어줄 수 있다. 물론 당신의 목적에 적합한 사람을 찾는다면 말이다.

적합한 롤모델을 찾아내는 법

당신이 성취하고자 하는 바를 이미 갖추고 있는 사람을 롤모델로 선택하라. 예를 들어 만약 당신이 금전적인 면에서 절제력을 갖추기 원한다면 부자를 선택할 수 있다. 만약 당신이 건강 면에서 절제력을 갖추기 원한다면 건강한 사람을 선택할 수 있다. 만약 당신이 감정적인 면에서 절제력을 갖추기 원한다면 조용하고 침착한 사람을 선택할 수 있다.

롤모델의 중요한 요건 중 하나는 당신과 충분한 커뮤니케이션이 가능한 사람이어야 한다는 것이다. 당신은 그들이 어떻게 부를 축적했는지, 육체적 건강을 갖췄는지, 감정조절을 하는 법을 익혔는지를 파악해야만 한다. 어떤 성격적 특성이 그를 현재 위치에 올려놓았는지를 당신이 파악할 수 없다면, 그 사람은 롤모델로서 적합하지 않다.

겉보기엔 그들의 상황에 아무런 문제가 없더라도 그 이면에는 보이지 않는 문제가 있을 수 있다. 예를 들어 겉으로 보기엔 어마어마한 자산을 갖고 있는 사람이지만 낭비벽이 심할 수도 있다. 건강해 보이는 사람이 사실은 보이지 않는 건강 문제를 갖고 있을지도 모른다. 조용하고 신뢰감이 있어보이는 사람은 사실 분노를 억누르는 데 익숙한 사람일지도 모른다. 심도 깊은 커뮤니케이션을 하지 않으면 이런 문제가 있더라도 당신이 파악하기 어렵다.

위와 같은 사항들을 고려한바, 당신에게 적합한 롤모델의 기준을 몇 가지 제시해보겠다.

- 루틴에 따라 자신의 목적을 달성하는 사람
- 좋은 습관을 계속해서 잘 키우는 사람
- 나쁜 습관을 고친 경험이 있는 사람
- 흔들림 없이 목표 달성에 매진하는 사람

- 목표 달성의 이유를 잘 알고 있는 사람
- 체계적이고 꼼꼼한 사람
- 결단력 있는 사람
- 자신의 약점을 잘 알고 있는 사람
- 충동 조절을 잘하는 사람
- 대인관계에서 적정한 경계선을 유지하는 사람
- 언제나 마감날짜를 잘 지키는 사람^{자율적이든 아니든}
- 그들의 성공 경험을 당신에게 흔쾌히 말해줄 수 있는 사람

만약 당신이 어떤 사람에게서 이러한 특성들을 발견했다면, 적합한 롤모델을 찾은 것이다.

부정적인 롤모델

'부정적인 롤모델Negative Role Model'은 당신이 본받고 싶지 않은 특성을 소유하고 있는 사람이다. 이들은 당신에게 반면교사가 되는 사람으로 그들을 따라서 하면 좋지 않은 결과가 초래된다.

예를 들어 당신이 멋진 몸매를 만들고 싶다고 가정해보자. 이 목표를 달성하기 위해서 매일 운동을 하고 정크푸드를 멀리한다.

당신의 부정적인 롤모델은 앉아서 생활하는 삶의 스타일을 유지하면서 도넛, 사탕, 단 음료를 먹는 사람이다. 이런 생활습관 때문에 그 사람은 비만과 관련된 여러 문제들무호흡증, 에너지 결핍, 당뇨병과 같은 건강 문제에 시달리고 있을지도 모른다.

이런 부정적인 롤모델이 당신 주변에 있다면 그를 지켜보는 것은 당신에게 동기부여를 하고 교훈을 줄 수 있다.

절제 연습 #13

|소요 시간|

30분

첫째, 당신의 주변에 절제력이 있어보이는 모든 사람의 이름을 적어라. 친구들, 가족들, 직장 동료들, 이웃들, 지인들 중에서 찾아보라. 그들이 절제력을 키우기 위해 취한 행동이나 결심에 주목하라. 겉보기로 판단할 수 있는 내용이면 충분하다.

둘째, 그 다음 메모지를 들고 리스트에 올라있는 사람들을 관찰하며, 당신에게 적합한 롤모델이 될 수 있는지를 점검해보라. 앞서 설명한 적합한 롤모델의 기준에 부합하는지 하나하나 체크해보는 것이다. 이 과정을 서둘러서, 급하게 롤모델을 결정하면 득보다 실이 많다. 적합하지 않다고 판단되는 사람을 명단에서 삭제하라.

셋째, 이제 리스트에 남은 사람이 얼마 되지 않을 것이다. 그중 한 명을 선택해 그에게 절제력에 관해 질문하고 싶은 내용을 세 가지만 적어라. 예를 들어 외부 저항을 차단하기 위해

타인과의 경계선을 정하고 지키는 과정에 대해 묻고 싶을 수 있다. 또는 그들이 어떻게 좋은 습관을 기르고, 나쁜 습관을 버렸는지 궁금할 수도 있다. 절제력을 기르는 데 가장 큰 걸림돌이 무엇이었고 그걸 어떻게 극복했는지에 대해 질문할 수도 있다.

넷째, 그 사람에게 접근하여 당신의 의도를 솔직하게 표현하고 질문하라. 그들이 바쁜 경우에는 '몇 가지 질문을 묻고자 하는데 나에게 시간을 내어줄 수 있는지'를 물어보라.

절제력 향상 60초 요약

지금까지 많은 내용을 공부했고 각 사안별 연습과정도 마쳤다. 이제 당신은 절제력을 기르기 위해 필요한 모든 통찰력을 확보했다. 잠시 쉬면서 이제까지 배운 내용을 복습해보자.

1단계 - 작지만 달성 가능한 목표를 세워라
절제력을 기르는 데는 장기적인 목표도 중요하지만, 단기적인 목표를 세우는 것 역시 중요하다. 단기적인 목표는 지금 바로 달성할 수 있는 대상이기에, 당신에게 목표 달성의 경험과 동기부여를 선사한다. 또한 단기적인 목표는 당신이 제대로 나아가고 있는지에 대한 빠른 피드백을 제공해준다. 장기적인 목표를 단기적인 목표로 단계화시키는 것을 최우선에 두고 그에 맞춰 행동을 취하라.

2단계 - 성취도를 체계적으로 측정하라
전설적인 경영 컨설턴트 피터 드러커는 "측정할 수 없는 것은 개선될 수 없다"고 말했다. 당신의 진전 상황을 정기적으로 점검해야만 당신의 행동과 결정이 올바른지를 알 수 있다. 이로 인한 개선이 반복되면 목표 달성을 위한 행동과 결정을 내리는 당신의 의지를 뒷받침해준다.

3단계 - 왜라는 이유를 확실하게 파악하라
이유가 없으면 절제도 없다. 어떤 일을 왜 성취하길 원하는지 확실하게 파악해두어라. 왜 하는지를 알면 포기하고 싶은 유혹에 직면해도 계속 앞으로 나아갈 힘을 갖게 된다. 왜 하는지를 알면 순간적인 충동을 이겨내고 종국적으로 더 큰 보상을 얻을 수 있는 동기부여를 받을 수 있다.

4단계 – 내적·외적 저항을 극복하라

절제력을 키워 나가다보면 저항에 직면하게 된다. 내적 저항부정적인 감정과 외적 저항산만한 주위 환경 모두 장애물이다. 내적 저항은 당신의 목표를 감정적 동기안 좋은 상황을 피하고자 하는 의지에 연계시킴으로써 극복하라. 외적 저항은 외부와의 경계선타인과의 접점을 끊거나 주변환경을 정리하는 것을 설정하고 유지함으로써 이겨내라.

5단계 – 무엇을 희생할지 명확하게 인식하라

절제력을 키우려면 희생이 필요하다는 사실을 인정하고 무엇을 희생시킬지를 알아야 한다. 지금이 됐든 미래가 됐든 무언가 비용을 치러야 한다는 점을 명심하기 바란다. 목적을 이루기 위해 무엇을 희생해야 할지를 정리하고, 스스로에게 기꺼이 그것을 희생시킬 것인지 질문해보라. 그래야 절망스러운 상황에서도 절제를 계획하고 실행할 수 있다.

6단계 – 10·10·10 규칙으로 유혹을 이겨내라

감정은 충동과 욕구가 제멋대로 날뛰게 허용한다. 왜냐하면 감정은 미래보다 현재에 우선순위를 두어, 가장 빠르게 보상을 받을 수 있는 길을 추구하기 때문이다. 10·10·10 규칙은 내가 충동과 욕구에 넘어갈 경우, 10분 뒤, 10시간 뒤, 10일 뒤 그것을 어떻게 느끼게 될지 생각해보는 것이다. 이는 이성적이고 목표 지향적인 결정을 할 수 있도록 당신의 감정을 일시적으로 억누른다. 10·10·10 규칙을 반복하면 우리로 하여금 장기적인 관점을 갖게 하여 절제를 지키기 쉽게 만든다.

7단계 – 불편함을 받아들이는 훈련을 하라

노력해서 무언가를 성취하려고 하면, 불편함을 반드시 감수해야 한다. 절제력을 키우는 데 있어 불편함을 피하는 것은 불가능하기 때문에 그것을 피하기보다는 껴안아라. 첫째, 불편함을 겪을 것이라는 사실을 받아들여라. 둘째, 당신의 회복탄력성을 향상시키기 위해, 시련의 강도를 차츰 올려가는 저항 훈련과 휴식과 시련을 반복하는 인터벌 훈련을 활용하라.

8단계 – 행동시스템을 통한 절제를 습관화하라

절제력을 키우다 중도에 포기하고 싶은 순간이 왔을 때, 의지력과 동기부여만으로는 자신을 억누르면서 나아갈 수 없다. 의지력과 동기부여는 당신의 정신적인 상태에 따라 고갈되거나 변질되기 쉽기 때문이다. 사소한 행동으로 시작하여 목표 달성과 관련된 행동으로 이어지는 일련의 루틴을 설정하라. 그 루틴이 습관화되면, 첫 행동을 트리거로 하여 의지력과 동기부여 없이도 자동으로 절제를 발휘할 수 있게 된다.

9단계 – 스트레스 요인을 최소화하라

스트레스는 절제의 적이다. 왜냐하면 스트레스는 감정 반응을 촉발하기 때문이다감정이 현재보상을 선호한다는 사실을 기억하라. 스트레스가 삶의 일부이긴 하지만 모든 스트레스가 필수적인 것은 아니다. 누적되는 스트레스의 영향을 감소시키기 위해서 무의미한 스트레스 요인들을 최소화하고, 피할 수 없는 스트레스는 해소시켜라.

10단계 – 시행착오를 겪어도 자책하지 말라

절제력을 키우는 과정에서 비틀거리는 것은 당연한 일이다. 사람은 원래 실수를 저지르고 후회할 결정을 하곤 한다. 이런 일이 생기면 자신에게 연민을 가져라. 자신을 용서하고 실수에서 교훈을 찾아라. 실수와 불행한 결정을 배움의 기회로 삼는다면, 목표를 달성할 가능성이 더욱 높아질 것이다.

Tip1 – 책임감을 키워줄 파트너를 찾아라

절제력을 키우는 과정에 타인을 개입시키면 당신은 더 큰 책임감을 느끼게 된다. 당신의 행동과 결정을 주기적으로 점검해주는 파트너를 두어 스스로에게 책임감을 느끼게 할 수 있다. 이상적인 파트너는 당신을 위한 응원단이 되어, 관찰 궤도에 머물면서 당신을 가로막는 장애물을 찾아낼 수 있도록 도움을 준다. 하지만 당신은 당신의 파트너를 맡아줄 객관적이고 성실한 사람을 찾아야 한다.

Tip2 – 결과가 좋다면 스스로에게 보상하라

보상과 벌칙은 바람직한 행동을 장려하고, 바람직하지 않은 행동을 피하게 해주는 도구다. 무엇이 당신에게 동기부여를 하고 무엇이 당신을 불쾌하게 하는지 파악한 뒤, 절제력을 키우기 위한 보상·벌칙 시스템을 도입하라. 보상과 벌칙은 동시에 사용할 경우 시너지를 발휘하나, 서로 겹치는 내용이어선 안 된다.

Tip3 – 따라할 수 있는 롤모델을 찾아라

다른 사람의 길을 따라가지 않아도 절제를 마스터하는 것은 가능하다. 그러나 다른 이들이 갔던 길을 참고하여 지름길로 갈 수 있다고 하면 그러지 말아야 할 이유가 있을까? 당신이 원하는 목표를 이뤘으면서도 이상적인 성향을 지닌 롤모델을 찾아, 그들의 목표 설정, 행동, 동기부여를 따라하라. 그리고 그들은 무엇을 통해 성공할 수 있었는지를 적극적으로 물어보라. 좋은 롤모델은 실수를 하더라도 그것을 극복함으로써 성공에 이르는 로드맵을 당신에게 알려줄 수 있다.

제3부

절제력 유지

절제는 목표와 목표 달성 사이를 잇는 다리다.

-짐 론-

여기까지 읽은 독자들은 '살면서 가장 먼저 해야 할 일은 절제력을 기르는 일'이라는 말에 공감할 것이다. 절제력을 기르는 일은 매우 중요한 일이다. 하지만 절제력 향상은 시작에 불과하다. 다른 기술들과 마찬가지로 절제력 또한 규칙적으로 훈련을 해야만 유지될 수 있다.

만일 당신이 절제를 발휘하여 당장의 원하는 목표(10kg 몸무게 빼기, 기말고사 시험 공부 등)만 이루면 된다면 굳이 반복적인 훈련을 할 필요는 없다. 하지만 당신이 원할 때마다 언제나 절제력을 발휘할 수 있기를 원한다면, 한 번의 훈련으로는 충분하지 않다. 사실 절제력을 키우는 훈련은 평생 동안 지속해야 할 과제다.

오랜 시간 절제력을 갈고 닦으면, 정신적, 육체적, 감정적으로 스스로를 점검하는 것이 좀 더 쉬워진다. 목표를 향해 지속적으로 나아가는 일이 쉽게 느껴진다면, 그건 아마도 당신의 의도에 딱 걸맞은 시스템을 갖췄기 때문이다. 자연스럽게 참아내고 양보할 수 있다면, 그건 당신이 그동안 특별한 노력을 해왔기 때문이다. 그런 일들은 그냥 자연적으로 발생하지 않는다. 그렇게 되기 위해서는 오랜 시간 노력과 주의를 기울여야만 한다.

요점은 근육과 마찬가지로 절제력을 계속 유지하려면 반복적으로 훈련을 해야 한다는 것이다. 충동 조절에 대해서도 지속적으로 훈련해야 한다. 불편함을 견뎌내고 포기하고 싶은 유혹을 받을 때 이겨낼 수 있는지 주기적으로 스트레스 테스트를 받아야 한다. 이제부터 절제력 키우기를 습관화시킬 수 있는 방법을 알아보자.

절제하는 삶을 시작한다는 것

앞으로 나아가기 위해서는 일단 시작하는 것이 비결이다.

| 마크 트웨인 |

앞서 절제력을 가진 채 태어나는 이는 아무도 없다고 설명한 바 있다. 우리는 우선 절제를 받아들이겠다고 용기를 내야 한다. 그리고 절제력을 키우기 위해 노력해야 한다. 이러한 과정은 의지력이 전혀 없는 유아기부터 시작되지만 차츰 자라면서 충동과 유혹에 굴복하며 소실된다.

다행스러운 것은 절제력 향상이 타고난 능력이나 천성에 달려 있는 문제는 아니라는 점이다. 절제는 어떤 사람이든 기를 수 있는 소양이다. 우리 모두가 절제력을 키울 수 있고, 강화시킬 수 있고, 궁극적으로는 절제를 마스터할 수 있다.

절제를 마스터하는 것은 단순한 노력 이상의 무언가가 필요하다. 성실함이 필요하다. 지속적인 훈련이 필요하다. 끊임없는 실행이 필요하다. 우리는 절제가 단순한 기술이나 능력이 아니라는 점을 인식해야 한다. 우리는 절제력이 평생 동안 유지시켜야 할, 즉 내가 방만해질 경우 언제든지 사라질 수 있는 습관이라는 인식을 가져야 한다.

새로운 습관을 받아들이는 과정

우리가 새로운 습관을 받아들이려면 어느 정도의 기간이 필요할까? 흔히 어떤 행동을 한 달만 유지하면 습관화시킬 수 있다고 얘기되기도 한다.

의사이자 자기개발서 작가인 맥스웰 말츠Maxwell Maltz는 그의 저서 『성공의 법칙Psycho Cybernetics』에서 인간이 새로운 습관을 들이는 데 보통 21일이 걸린다고 주장했다.

심리학자 필리파 랠리Phillippa Lally는 새로운 습관을 들이는 데 18일 내지 254일이 걸릴 수 있다는 연구결과를 발표하기도 했다.

그 기간이 실제로 얼마인지는 차치하고, 습관을 들이기 위해서는 어느 정도의 시간 동안 그 행동 루틴을 의식적으로 반복하는 과정이 필요하다는 점에 주목하자.

예를 들어 매일 물 여덟 잔을 마시는 습관을 들이기를 원한다고 가정해보자. 커피나 소다, 당분이 들어간 에너지 음료를 마시겠다는 생각이 들 때마다 그 음료들 대신 물 한 잔을 마시기로 했다. 이런 루틴을 습관화하는 유일한 길은, 습관화가 될 때까지 그 작업을 반복적으로 실행하는 것이다.

또 다른 예시로 학업 성적을 올리기 위해 공부를 열심히 하려 하는 경우를 생각해보자. 텔레비전을 보고 싶거나 SNS를 하고 싶은 생각이 들 때마다 그 유혹을 뿌리치고 공부하도록 자신을 훈련시켜야 한다. 이런 기간을 오랫동안 유지해야 공부하는 습관을 들일 수 있다.

성과 없는 작은 행동으로 시작하라

당신은 절제력을 기르는 과정에서 처음부터 거창한 목표를 세우고 싶은 유혹에 빠질 수 있다. 그러나 거창한 목표를 달성하려면 엄청난 노력이 수반되어야 한다. 그리고 이런 시도는 대부분 실패로 끝나 실망, 좌절감만 남기는 결과를 초래한다. 사람들이 새해 목표를 세워놓고 실패하는 가장 큰 이유도 바로, 그 계획이 너무 크고 담대한 것이기 때문이다.

이처럼 거창한 목표를 이루려는 대신에 차근차근 절제력을 길러라. 처음부터 무모하게 돌진하는 대신에 차분하게 일관된 페이스를 유지하는 법부터 배워라. 거대한 발걸음을 내딛으려 하지 말고 점진적인 개선에 초점을 맞춰라.

처음에는 성과가 나지는 않지만 손쉽게 수행할 수 있는 작은 행동을 실천하라. 예를 들어 당신이 멋진 몸매를 만들기 위해 매일 운동을 하기로 결심했다면 다음과 같은 작은 행동을 취할 수 있다.

- 10분간 산책하러 나가기
- 팔굽혀펴기, 윗몸일으키기, 스쿼트 10개 하기
- 사무실 올라갈 때 계단 이용하기
- 진공청소기로 집안 청소하기

이런 행동으로 당신의 몸매가 개선되진 않을 것이다. 그러나 이것들은 굳이 많은 시간을 들일 필요가 없는 행동들이다. 게다가 이런 행동들은 너무 간단하고 쉬워서, 오히려 그걸 하지 않을 핑계를 찾기가 훨씬 더 어렵다.

일단 이런 작은 행동들을 반복적으로 하게 되면 그 루틴은 습관이 된다. 그러면 당신은 마치 그 행동을 하는 것을 자신의 천성으로 느껴, 그것을 실행하지 않으면 불편한 느낌을 받게 된다.

가장 좋은 점은 이런 작은 행동들도 점점 쌓이다보면 크나큰 결과로 이어진다는 것이다. 예를 들어 매주 0.5kg씩을 뺀다면, 일 년 후에는 25kg을 뺄 수 있다는 얘기가 된다. 매일 저녁에 논픽션을 10쪽씩 읽으면 매달 책 한 권을 읽을 수 있다는 의미가 된다.

절제력을 기르기 위해서 거창한 목표를 세우고, 혁신적인 행동 계획을 세울 필요가 없다. 일단 작은 계획을 세우고 규칙적으로 실행하다보면 충동 조절능력, 투지, 불굴의 용기가 자라나 당신을 도와줄 것이다.

눈앞의 장애물을 직시하라

앞서 절제를 방해하는 장애물로서 부정적인 성향, 비현실적인 목표, 부정확한 목표 등을 제시한 바 있다. 그런데 많은 사람들이 절제력을 키우기 시작하는 단계에서, 자신에게 이러한 절제의 장애물들이 있다는 점을 무시한다.

예를 들어 해야 할 일을 미루는 습관이 있는 사람들은 자신에게 그런 성향이 있다는 걸 인정하길 거부한다. 또 다른 예로 어떤 사람들은 쓸모없는 물건을 사느라고 돈을 낭비하지만, 그런 자신의 성향을 의도적으로 간과한다.

이런 장애물이나 약점을 대면하기를 거부하면 그것들이 해결되지 않은 채 남아있으면서 절제력을 기르는 과정에서 계속 나타나게 된다. 결국 절제력을 기르는 속도가 현저히 느려진다.

자신에게 있는 장애물을 인식하고 정면돌파하라. 그런 장애물을 무시하거나 나중에 처리하겠다고 옆으로 미뤄두지 말고 즉시 처리하라. 즉시 처리해야 할 이유를 찾아내고 처리할 수 있는 간단한 조치를 취하라.

예를 들어 조깅을 시작하길 원하는데 자꾸 미루고 있다면 바로 조깅화를 착용하라. 조깅을 미루고 싶을 때마다 조깅화를 착용하도록 하라. 돈을 모으고 싶은데 종종 충동적으로 돈을 낭비한다면 물건 구입하는 것을 무조건 24시간 뒤로 미뤄라. 장애물은 생각보다 훨씬 더 쉽게 해결할 수 있다.

절제 연습 #14

첫째, 성취하고 싶은 목표 하나를 선택하라.

둘째, 목표와 관련된 '간단하면서도 쉬운 행동 세 가지'를 찾아내라. 이 행동을 찾는 과정은 짧을수록 좋다 이번 연습 과정에서는 최종 결과에 대해 신경 쓰지 않는 게 좋다. 그냥 과정에만 초점을 맞춰라.

셋째, 세 가지 행동을 매일 실천하라. 생각날 때만 하거나 단순히 할 일 목록에 적어놓기만 하지 않도록 하라. 달력에 표시해놓고 매일 체크하도록 하자. 세 가지 행동을 하나의 목록으로 관리하는 것도 좋다.

이 세 가지 행동을 실천하기만 해도 절제력 향상이 이뤄지게 된다.

02

자신에게 가하는 다양한 절제 실험

위대한 사람들의 삶에 대해 읽다보면
그들이 이룩한 최초의 승리가 바로 자신을 극복하는 것,
즉 절제였음을 발견하곤 한다.

| 해리 S. 트루먼 |

그동안 절제력에 대해 설명하면서 절제력을 근육에 비유하곤 했다. 절제력은 근육과 마찬가지로 많이 사용할수록 더 강해지고 반대로 사용하지 않으면 쇠약해진다.

비유를 좀 더 확장하자면, 근육량을 유지하기 위해서는 일정 강도 이상의 신체 운동을 하는 것이 도움이 된다. 이와 유사하게 절제력 또한 새로운 종류의 절제 훈련에 도전해보는 것이 충동 조절과 회복탄력성을 유지하는 데 도움이 된다.

당신의 목적을 달성하는 데 필요한 절제 습관을 길렀다고 해도 계속해서 절제력을 강화해 나가는 게 중요하다. 그러지 않으면 절제력이 약해져서 그동안 절제력을 기르는 데 투자한 시간과 노력이 무용지물이 될 것이다. 그러면 새로운 종류의 절제를 진행하기가 어려워진다.

다행히 한번 강화된 '절제 근육'을 유지하는 것은 쉽다. 근육 강화에 필요한 작은 계획을 세우고 실행해보기를 꾸준히 반복하면 된다.

작고 다양한 절제 실험

장기적이고 거창한 목표를 설정하는 것은 절제력을 유지하는 데에는 도움이 안 된다. 장기적인 목표는 말 그대로 한 가지 목표를 달성하기 위해 오랜 시간 그 목표에 매진해야 한다. 그러나 절제력을 유지하기 위해서는 작고 다양한 절제의 경험을 갖는 것이 더욱 안정적이다.

작은 목표를 설정하고 그것을 이루길 반복하는 '절제 실험'을 습관화해야 한다. 때로는 굳이 당신이 원하지 않는 목표라 하더라도 절제력을 유지하려는 목적 아래, 목표로 설정하고 달성하길 시도해볼 수 있다. 당신의 절제 근육에 다양한 스트레스 테스트를 가해보는 것이다.

작고 다양한 절제 실험들은 어떤 경우에는 그 시도가 성공하지만 어떤 경우에는 실패로 끝나기도 한다. 그러나 성공이나 실패로 끝나는 모든 결과가 절제력 유지와 향상에 도움이 된다. 중요한 점은 이 실험을 지속적으로 시도해보는 것이다. 그러다보면 자연스럽게 강력한 절제력이 유지된다.

절제 실험이 당신의 장기적인 목표나 가치관에 꼭 부합할 필요는 없다. 작은 목표를 달성해보는 그 자체로 충분하다.

당신이 일주일 동안 실행해볼 수 있는 절제 실험의 예시들을 소개한다.

- 커피 마시지 않기
- 필요 없는 물건 사지 않기
- 당분이 들어있는 음식 먹지 않기
- 저녁 9시가 되기 전까지는 텔레비전 보지 않기
- 오후 5시가 되기 전까지는 인터넷 하지 않기
- 정오까지는 핸드폰 꺼놓기
- 30분 동안 논픽션 읽기

- 30분 동안 글쓰기
- 30분 동안 온라인 강의 듣기

이 항목들은 당신에게 절제 실험이란 무엇인지를 설명해주는 몇 가지 아이디어에 불과하다. 중요한 점은 당신의 타고난 성향과 충동에 반대되는 일들을 지속적으로 실행하는 것이다.

큰 목표라 해도 작은 목표로 나눠 도전해볼 수 있다. 예를 들어 당신이 오랫동안 앉아있는 생활습관 때문에 망가진 몸매를 되찾기를 원한다고 가정해보자. 이런 목표는 성취에 오랜 기간이 걸리는 큰 목표다. 하지만 이 큰 목표는 수많은 작은 목표로 나눌 수 있다.

망가진 몸매를 되찾겠다는 큰 목표를, 작은 목표로 나누면 절제력을 강화하기 위해 실행할 수 있는 다음과 같은 실험 소재들을 찾아낼 수 있다.

- 점심식사 후에 당분이 함유된 후식을 포기하기
- 매일 아침 팔굽혀펴기 10개 하기
- 아침식사 후에 15분 동안 산책하기
- 30분 동안 서서 스트레칭하기
- 케이크를 집어드는 대신 아침식사를 준비하기

- 포장 음식을 먹는 대신 저녁식사 요리하기
- 일어나자마자 물 두 잔 마시기

이 항목들은 빙산의 일각이다. 살을 빼는 것과 관련하여 당신이 실행할 수 있는 절제 실험들은 셀 수 없을 정도로 많다.

다시 말하지만, 우리의 목적은 어디까지나 절제 근육을 유지하고 강화하는 데 있기 때문에 실험의 결과는 그리 중요하지 않다. 이 실험을 실행한 후 원하는 결과를 얻지 못하더라도, 당신의 절제력은 강화될 것이다. 유혹과 충동에 반하는 행동을 지속적으로 하는 그 자체만으로도 절제력을 강화하는 효과를 낼 수 있다.

절제 실험을 스케줄화하라

다른 습관과 마찬가지로 절제력을 유지하는 습관 또한 스케줄화하는 것이 좋다. 몇 월 며칠, 몇 시부터 몇 시까지 그것을 하겠다고 정해두는 것이다.

행동을 스케줄화하면 그걸 건너뛸 가능성이 적어진다. 잠자리에 들기 전에 양치질하는 것처럼 그 행동이 일상의 루틴이 되기 때문이다. 일단 행동이 일상 루틴의 일부가 되고 나면, 무의식적으로 그 행동을 실행하게 된다.

절제 실험을 스케줄화하지 않으면 일상에서 더 긴요한 일이 발생했을 때, 실험에 관련된 사안이 뒤로 밀릴 가능성이 높다. 삶이 더 바빠질수록 우리는 여가시간에 더 많은 가치를 두게 되고 그러면 절제 실험을 건너뛰기가 더 쉬워진다. 이런 저항을 견뎌내기 위해서 실험을 스케줄화해야 하는 것이다.

절제 실험이 특정한 시간에 이뤄지고 있다면, 군이 실험 자체를 스케줄화할 필요는 없다. 예를 들어 당신이 매일 오후 5시까지 소셜미디어를 켜지 않겠다고 결심했다면, 그 시간을 달력에 표시할 필요는 없다. 특정되어있는 시간이 이미 실험을 스케줄화해주었기 때문이다.

그러나 다른 유형의 실험들은 스케줄화해야 한다. 예를 들어 논픽션을 30분 동안 읽기로 했다고 하면, 몇 시부터 몇 시까지 읽을지를 정해둬라. 적어도 30분이라는 시간 단위를 달력에 날짜별로 표시해야 논픽션을 읽기 위한 시간을 낼 가능성이 크다.

실험에 성공하면 자신에게 보상하라

앞서 'Tip2 - 결과가 좋다면 스스로에게 보상하라'에서 찰스 두히그의 '습관고리'에 대해 설명한 바 있다. 어떤 행동을 습관으로 들이기 위해서는 1. 행동을 유발하는 방아쇠, 2. 방아쇠를 당기고 나서의 반응, 3. 그 반응에 대한 보상이 중요하다는 것이었다. 보상은 습관고리에서 강조하는 세 가지 주요 요소 중 하나다.

습관을 들이려고 할 때, 보상은 두 가지 역할을 한다. 보상의 첫 번째 역할은 동기부여를 해주는 것이다. 이에 대해서는 지금까지 여러 측면에서 살펴본 바 있다. 보상은 우리가 보상을 받는 방향으로 더 자주 행동하도록 유도하며, 외적 저항과 내적 저항을 이겨낼 힘을 준다.

보상의 두 번째 역할은 우리의 두뇌가 습관을 들이는 행위 자체에 관심을 갖도록 유도하는 것이다. 당신의 두뇌는 어떤 행동이든 그것을 습관으로 들이는 데 최적화된다.

예를 들어 당신이 오늘 30분 동안 논픽션을 성공적으로 읽었다고 가정해보자. 당신은 그에 대한 보상으로 10분 동안 소셜미디어를 하기로 정했다.

이러한 보상은 당신이 좋아하는 소셜미디어를 계속 들여다보게 만들지도 모른다. 하지만 더 중요한 사실은 이런 보상이, 당신으로 하여금 더욱 다양한 절제 실험을 지속하도록 흥미를 돋운다는 것이다.

가끔은 보상이 당신의 절제력을 해치는 것처럼 보이기도 한다. 그러나 그 이상으로 보상은 당신의 머릿속에 습관을 들이는 행동의 이점을 강렬하게 심어준다.

당신이 선택한 실험을 완수하면 그 대가로 자신에게 작은 보상을 주라. 이상적인 보상이란 당신의 바람 혹은 욕구를 충족시켜주는 보상이다.

절제 연습 #15

첫째, 일주일 동안 시도할 수 있는 작은 절제 실험들을 나열하라. 이 실험들은 당신의 장기적인 목표 달성에 도움이 되는 것멋진 몸매를 만들기 위해 설탕이 함유된 스낵을 포기하는 것 등일 수 있다. 아니면 그저 자기만족을 위한 실험아침 커피를 포기하는 것 등일 수도 있다.

가장 좋은 절제 실험은 개인적인 악습을 파악하고, 그것을 없애는 실험을 실행하는 것이다. 예를 들어 당신이 평소 유튜브 영상을 너무 많이 시청하고 있다면, 오후 8시까지 유튜브를 보지 않는 것이다.

둘째, 매일 실험을 성공적으로 완수할 때마다 자신에게 작은 보상을 줘라. 예를 들어 8시까지 유튜브를 보지 않은 것에 대한 보상으로 두 개의 영상을 시청하는 것이다.

적어도 처음에는 한 번에 하나의 실험을 실행하길 권한다.

이는 마치 헬스장에 처음 방문했을 때 취해야 하는 행동에 비유할 수 있다. 처음 헬스장을 방문했을 때 신나는 기분으로 몇 시간에 걸쳐 모든 운동 기구를 사용하다보면 몸을 상하게 하기 마련이다.

당신의 절제력 유지 습관이 충분히 길러진 뒤에, 다양한 실험들을 동시에 실행함으로써 절제 근육에 가하는 스트레스를 가중시켜라.

03

과도한 절제는 경계해야 한다

밝기가 두 배인 화염은 수명이 절반이 된다.

| 라오 추 |

우리는 그동안 어떻게 하면 미래의 이익을 얻기 위해서 현재의 이익을 얻고 싶은 충동을 억제하는지, 어떻게 하면 포기하고 싶은 유혹에도 불구하고 계속 나아갈 수 있는지를 알아보는 데 많은 시간을 할애했다. 장기적인 목표와 열망의 성취는 결국 충동과 유혹을 이겨내는 데 있기 때문이다.

하지만 우리는 여기서 한 걸음 물러서 생각해볼 필요가 있다. 장기적인 목표를 달성하기 위해 현재를 너무 희생하는 것은 아닌지 고민해봐야 하는 것이다. 미래의 삶의 질을 향상시키기 위해 현재의 삶의 질을 과도하게 희생시킨다면 그 또한 문제가 될 것이다.

과도한 절제를 행하는 사람은 존경스럽기도 하고 일면 선하게 까지 보일 수도 있다. 그러나 자신의 한계를 넘어설 정도로 과도한 절제는 결국 비싼 대가를 요구한다. 이는 후회의 씨앗이 될 수도 있다.

과도한 절제의 위험성

당신 주변에도 과도하게 일하는 사람이 한 명쯤 있을 것이다. 이런 사람들은 야간에도 주말에도 일하는 등 일주일에 80시간 이상을 일한다. 휴가도 없이 일하고 아플 때도 일을 한다. 만약 기혼자라면 배우자와 자녀들을 볼 시간도 거의 없다.

단연 이런 사람들은 절제력이 있는 사람들이다. 이토록 일에 매진하면서 장기적인 목표를 위해 끊임없이 희생하는데, 절제력 이외에 어떤 다른 이유로 설명할 수 있겠는가? 하지만 현재의 삶의 질을 심하게 망가뜨리고 있는 이 사람의 절제는 과도한 측면이 있다고 볼 수 있다. 우리는 이런 함정에 빠지기 쉽다.

우수한 성적을 내기 위해 끊임없이 훈련하며, 삶의 모든 것을 포기하는 운동선수들을 생각해보라. 유명해지겠다는 희망을 갖고 휴식도 없이 악기 연습에 전념하는 연주자를 생각해보라. 부자가 되겠다는 일념으로 커피와 불법적인 음료에 의존하면서 매주 100시간 이상 일을 하는 펀드매니저를 생각해보라. 그들은 자신들의 목표를 달성할지언정 그에 따른 상당한 대가를 치러야 한다.

이 문제는 생각보다 우리와 더 가까이 있다. 나도 직장생활을 할 때 비슷한 함정에 빠졌었다. 하지만 이처럼 과도한 수준의 절제는 너무 큰 대가를 치러야 했고 돌이켜보니 그럴 가치가 없었다. 나는 육체적 건강은 물론 정신적 건강도 나빠졌다. 내 감정은 메말랐고, 인간관계도 엉망이 됐다. 삶의 목표는 몇 가지 성취했지만, 내 삶의 질은 바닥으로 곤두박질쳤다.

절제력 향상은 어디까지나 '절제를 발휘했을 때 당신이 얻을 수 있는 이익이 무엇인가?'의 관점에서 다뤄져야 한다. 그게 바람직한 방향이다. 왜냐하면 절제 자체가 아닌, 절제를 통해 얻는 이익이 우리의 삶에 유의미한 결과를 가져오기 때문이다.

절제에 대해 논할 때 놓치기 쉬운 부분이 바로 '과도한 절제를 어떻게 피할 것이냐' 하는 문제다. 만약 당신이 오랫동안 고대하던 목표를 달성하는 데 성공했음에도 불구하고 당신의 인생에 후회와 불만족이 남는다면, 과도한 절제로 인해 야기된 불균형의 신호인 것은 아닌지 따져볼 필요가 있다.

바람직한 절제 균형을 찾아내는 법

바람직한 절제 균형을 갖추려면 어떡해야 할까? 당신이 할 수 있는 일이 두 가지 있다. 첫째, 당신의 목표를 되새겨보는 것이다. 당신은 왜 그 목표를 이루고 싶은가? 당신의 능력과 위치를 고려할 때 이룰 수 있는 목표인가? 목표를 달성하는 과정에서 만나게 될 장애물과 희생시킬 것들은 무엇인가? 이러한 지점을 파악해보고, 목표를 달성하는 것이 당신의 삶에 어떤 의미가 될지를 생각해봐야 한다.

예를 들어 당신이 기타 치는 것을 배우고 싶어한다고 가정해보자. 익숙하게 기타를 치려면 많은 시간과 노력을 들여야 하기에, 당신의 삶에 있는 다른 많은 것들을 희생시켜야 할 수 있다. 그렇기에 그 목표를 달성해야 할 이유를 고민해봐야 한다. 기타를 치면 즐겁기 때문인가? 아니면 세계적으로 유명한 밴드에 합류해서 잘 나가는 연주가가 되고 싶은가? 이러한 점들을 따져봤을 때 당신의 목표가 합리적이고 현실적인지를 평가해야 한다.

균형을 유지할 수 있는 두 번째 방법은 '자기연민Self-compassion'을 활용하는 것이다. 살다보면 누구나 휘청거릴 때가 있다. 또 당신의 가치관에 반하는 결정을 내려야 하는 경우도 종종 있다. 때때로 충동에 휩쓸리기도 한다. 이런 피할 수 없는 상황들에 대비해서, 당신은 자신을 용서하는 능력을 길러둬야 한다.

예를 들어 매일 세 시간 동안 기타를 연습하기로 했다고 해보자. 언젠가는 그렇게 많은 시간을 기타 연습에 보내고 싶지 않은 날도 올 것이다. 만약 당신이 자신에게 연민을 보낼 수 없는 사람이라면 이런 상황에서도 자신을 극단으로 몰고 갈 것이다. 만약 당신이 자신에게 연민을 보낼 수 있는 사람이라면 삶의 질을 위협할 정도로 자신을 다그치는 대신에, 가끔은 충동을 어느 정도 충족시키는 것도 가치 있는 일이라고 생각할 것이다.

이것이 바로 균형을 잡는 행동이다. 내가 절제의 이런 측면을 알아내는 데는 꽤 긴 시간이 걸렸다. 나에게도 자기연민의 감정이 들 때가 있었지만, 애석하게도 당시의 나는 그것을 나의 약점과 실행 부족이라고 오판했다. 그건 대단히 치명적인 실수였다. 그 실수로 인해 나는 터무니없고 불필요한 대가를 치러야 했다.

결국 나는 자기연민의 중요성을 깨닫고 나서야 절제하는 삶을 더 잘 관리할 수 있게 되었다. 균형을 찾게 된 것이다. 나는 과도함을 버리고 내 목표의 의도를 되새기면서 나아갈 길을 찾았다. 그 결과 나의 의지와 목표에 맞게 살아가면서도, 더 나은 삶의 질을 누릴 수 있게 되었다.

자기연민이 부족한 상태에서 절제를 기르려고 하면 후회와 수치심을 느끼는 결과를 맞게 될 가능성이 커진다. 종종 무시되는 절제의 이런 측면이 얼마나 중요한지 인식할 필요가 있다.

절제 연습 #16

첫째, 달성하고자 하는 목표 한 가지를 골라라.

둘째, 그 목표를 달성하기 위해 치러야 할 희생에 대해 생각해보고 적어라.

셋째, 그 목표를 추구해야 하는 이유를 생각해보라. 왜 그 목표를 달성하려고 하는가?

넷째, 그 목표가 현재 당신의 상황에서 실현 가능한지 자문해보라.

다섯째, 절제와 삶의 질 사이의 균형을 바람직하게 유지하기 위해, 당신이 허용할 수 있는 예외사항 세 가지를 적어라.

예를 들어 당신이 당분이 들어간 모든 음식을 거부하고 싶어한다고 가정해보자.

그러려면 당신이 좋아하는 간식과 스낵을 포기해야 한다.

당분이 함유된 음료도 포기해야 한다. 생일파티나 다른 사교 모임에서 디저트를 거절해야 한다.

자, 이제 당신이 왜 당분을 거부하길 원하는지 자문해보라. 그 이유가 합리적인가? 당분을 완전히 포기하는 것이 실현 가능한지에 대해서도 생각해보라. 너무 극단적이진 않은가? 현재 삶의 질을 과도하게 희생시키지 않으면서 당신의 목표를 달성할 수 있는 방법은 없는가?

끝으로 가끔씩 '유혹에 넘어갈 수 있는 자유'를 자신에게 줄 세 가지 방법을 생각해보라. 여기에 제시한 예시를 참고하라.

- 마음껏 먹는 날을 가져라.
- 좋아하는 스낵을 보상으로 활용하라.
- 사교 모임에서는 예외를 허용하라.

이런 예외를 두는 것이 절제와 삶의 균형을 완화시킬 수 있다. 당신의 목표가 합리적이라면 이런 균형을 통해 당신의 현재 삶의 질을 극단적으로 희생시키지 않고도 그 목표를 달성할 수 있을 것이다.

04

당신이 추구해야 할 라이프스타일

———————————— ● ————————————

절제는 다른 사람에게 강요하면 벌이 되지만,
자신에게 적용하면 힘이 된다.

| 레스 브라운 |

지금까지 절제력을 키우고 강화하는 방법에 대해 단계별로 알아
봤다. 각 단계는 목표 설정, 성과 측정, 저항 통제, 스트레스 관리
와 같은 절제력을 강화하는 데 필요한 요소들을 하나씩 습득하는
데 중점을 두고 있었다. 이들은 절제력을 습득하는 데 아주 중요
한 영향을 끼친다.

하지만 이러한 요소들보다 절제에 더 큰 영향을 미치는 것이 한
가지 있으니, 바로 당신의 라이프스타일이다. 당신이 어떤 라이프

스타일을 선택하느냐는 당신의 절제력과 성공에 중요한 영향을 미친다. 현명한 라이프스타일을 선택하면 절제력 강화에 큰 도움을 주어 성공으로 이어진다. 반대로 현명하지 않는 라이프스타일을 선택하면 치명적인 해를 준다.

라이프스타일에 따른 충동 조절능력

육체적, 정신적, 감정적으로 완전히 탈진했을 때를 상기해보라. 그때에는 집중하기도, 좋은 결정을 내리기도 힘들다. 그리고 감정 조절도 제대로 안 됐을 것이다. 그 순간에는 당신의 절제력이 약해져 충동과 유혹에 잘 넘어가기 때문이다.

자, 그럼 이번에는 활기가 넘쳤던 때를 상기해보라. 그때에는 집중하기도 당신의 목표와 의도에 적합한 결정을 내리기도 쉽다. 감정 조절도 잘 되었을 것이다. 그 순간에는 당신의 절제력이 잘 발휘되고 있기 때문이다.

그렇다면 탈진했을 때는 언제고, 활기가 넘칠 때는 언제인가? 우리의 육체적, 정신적 활력에 영향을 주는 요인들은 셀 수 없이 많다. 좋은 소식은 당신이 그 요인들을 조절할 수 있다는 점이다.

당신이 식습관에서 매우 나쁜 라이프스타일을 보유하고 있다고 생각해보자. 만약 그동안 정제된 설탕을 많이 섭취해왔다면, 혈당이 떨어질 때는 무기력함과 짜증을 느끼게 될 가능성이 크다. 이런 상태에서는 당분을 섭취하더라도 과도한 피로감과 인지기능 장애를 겪을 수 있다.

수면의 양과 질에 대해 생각해보자. 불충분한 수면은 피로감을 느끼게 하고, 스트레스와 부정적인 감정에 취약하게 만든다. 이런 상황을 방지하려면 수면을 잘 조절하는 라이프스타일을 가져야 한다.

알코올의 경우를 생각해보자. 알코올만큼 균형을 깨뜨리고 횡설수설하게 만들고, 다음날 친구들의 놀림을 받도록 만드는 것도 없다. 알코올은 수면의 질을 떨어뜨려서 피로감을 느끼게 만든다. 알코올이 잠을 유도하긴 하지만, 그렇게 자면 잠의 질의 떨어진다. 여기서 명심해야 할 점은 알코올 섭취를 조절해야 한다는 점이다.

이제까지 우리는 라이프스타일이 무엇인지에 대해 살펴봤다. 여기서의 핵심은 좋은 라이프스타일 선택이 절제력 향상의 난이도를 낮추는 해결책이라는 것이다. 당신은 충동 조절능력이 잘 유지되는 라이프스타일을 선택할 수 있다. 식습관, 수면, 술 외에도 다른 많은 요인들에 대한 라이프스타일 선택이 절제력과 충동 조절에 큰 영향을 미치게 된다.

라이프스타일은 매일매일 당신의 에너지 수준에 영향을 미친다. 라이프스타일에서 더 많은 에너지를 소모할수록, 장기적인 목표를 달성하는 과정에서 당신을 조절하기가 더 어려워진다. 반대로 라이프스타일에서 더 많이 휴식을 취할수록, 장기적인 목표를 달성하는 과정에서 자신을 조절하기가 더 쉬워진다.

현명한 라이프스타일을 선택하는 것이 쉽지 않을 수도 있다. 아니 아주 어려운 일이다. 하지만 이 또한 절제를 통해 바꾸는 것이 가능하다.

서핑을 하듯이 욕구를 이겨내라

밤늦게 잠자리에 드는 것은 계속해서 텔레비전을 시청하고 싶기 때문이다. 우리는 소셜미디어를 더 하고 싶어 운동을 기피하게 된다. 우리는 억압에서 벗어나 긴장감을 느끼지 않길 원하기 때문에 알코올을 섭취한다. 우리는 도파민이 주는 쾌감을 사랑하기 때문에 당분이 든 음식을 먹는다.

우리는 대개 우리의 욕구에 따라 라이프스타일을 선택한다. 즉,

현명한 라이프스타일을 선택하는 것은 결국 욕구를 억제해야만 가능하다.

우리는 마치 파도를 서핑하듯 욕구에 굴복하지 않으면서도 욕구를 이겨내는 '욕구 서핑'을 할 수 있다. 그러면 무작정 욕구를 억제할 때와 같이 노력하지 않으면서도 욕구를 이겨낼 수 있다.

욕구 서핑은 우리의 욕구를 무시하지 않는 것이다. 당신이 만약 당신의 두뇌를, 반사적으로 욕구를 무시하도록 훈련시켰다면 무시 전략을 쓰는 것이 효율적일 수 있다. 그러나 우리는 그러한 수준에 다다르지 못했다. 우리는 욕구를 무시하는 대신에 욕구의 존재를 인정하고 정면으로 대면할 수도 있다. 욕구에 굴복하는 게 아니라 욕구를 인지하는 것이다. 이런 전략을 사용하면 의외로 욕구의 힘은 정점이 지난 파도처럼 약해진다.

지금부터 욕구 서핑을 어떻게 하는지 알아보자. 욕구가 느껴지면 일단 하고 있던 일을 멈춰라. 그리고 현재 느껴지는 욕구를 있는 그대로 받아들여라. 자신을 책망하거나 수치심을 느끼지 마라. 당신의 욕망이 당신의 인격을 반영하지는 않는다. 욕망은 당신의 루틴, 본능, 의존성으로부터 나오는 것이다. 이건 아주 자연스러운 일이다.

그러나 그 욕구가 당신이 취해야 할 행동을 규정하지도 않는다. 당신은 그 욕구를 따르지 않기로 결정할 수 있다. 욕구가 생기지 않도록 당신의 마음을 억누르는 것이 아닌, 욕구의 존재를 느끼고 그대로 두되 한동안 따라가지 않고 기다리는 것이다.

욕구란 단순히 그 순간에 어떤 일에 대해 어떻게 느끼는가를 반영하고 있을 뿐이다. 그렇기에 순간적으로만 존재하다가 결국에는 사라진다.

욕구 충족이 안 되면 마음이 불안하고 짜증스럽고 불안감을 느낄 수도 있다. 불안감을 느끼더라도 괜찮다. 욕구는 흘러간다는 사실을 기억하라. 욕구는 결국 사라질 것이기 때문에 욕구에 굴복할 필요가 없다.

이게 욕구 서핑의 핵심이다. 당신의 욕구를 무시하거나 억누르지 마라. 욕구를 있는 그대로 인정하라. 욕구를 가지는 것이 자연스러운 일이라는 사실을 받아들여라. 욕구는 흘러가기 때문에 결국에는 사라질 것이라는 사실을 명심하라.

이렇게 생각하면 욕구의 힘은 당신을 지배하지 못한다. 이는 마치 큰 파도가 처음에는 거세게 밀려오지만 결국에는 힘을 소진하고 다시 바다로 돌아가는 것에 비유할 수 있다.

절제 연습 #17

첫째, 당신의 에너지 수준에 악영향을 끼칠 수 있는 라이프스타일들을 모두 적어라. 여기 참고할 수 있는 몇 가지 예시를 소개한다.

- 매일 저녁에 술을 마시고 다음 날 숙취에 시달린다.
- 밤늦게 잠자리에 들어서 다음 날 피곤함을 느낀다.
- 하루 종일 당분이 든 간식을 먹어서 나른함을 느낀다.
- 운동을 전혀 하지 않아서 빠릿빠릿하지 못한다.

둘째, 작성한 리스트를 점검하면서 각각의 습관이나 루틴을 바꿀 수 있는 방법을 한 가지씩 찾아서 적어라. 예를 들어 평일 밤에는 술 마시는 양을 줄일 수 있다. 또는 매일 저녁에 30분 일찍 잠자리에 들 수 있다. 또는 오후에 먹는 당분이 든 간식을 건너뛸 수 있다. 아니면 보다 건강에 좋은 간식으로 대체할 수 있다.

셋째, 이런 변화가 당신의 에너지 수준에 어떤 영향을 주는지 관찰하라. 충동을 억제하고 목표대로 움직이는 당신의 능력에 어떤 변화가 있는지 살펴봐라. 틀림없이 에너지 수준이 올라가있을 것이다.

에필로그

절제력을 키우는 것은 어려운 과제일 수 있다. 그래도 이제 우리는 우리가 원할 때마다 경계선을 설정하고, 자기조절을 가하고, 앞으로 나아갈 수 있게 되었다. 자신의 미래를 위한 도전에 나설 수 있게 된 것이다.

가끔은 목표를 달성할 수 있을 만큼의 절제력을 우리가 지니지 못한 것처럼 느껴질 때도 있을 것이다. 필요한 만큼의 인내심, 불굴의 용기, 기개가 우리 손이 미치지 않는 먼 곳에 있는 것처럼 느껴질 때도 있을 것이다. 마치, 목표를 달성하지 못하는 우리의 인생 스토리가 이미 정해져있는 것처럼 느껴질 수도 있을 것이다.

하지만 진실은 단순하다. 절제력이 부족하다면 절제력을 키우면 된다. 우리 모두는 절제력을 갖고 태어나지 않았지만 계속해서 절제력을 키워오지 않았는가? 당신의 과거 실수, 환경, 목표 등에 상관없이 당신은 절제력을 갖겠다고 결정할 수 있다.

일단 절제력을 키우겠다고 결정했으면 당신의 목표를 절제력을 키우는 페이스에 맞춰가며 나아가야 한다. 중요한 점은 어떻게 나아갈지를 안내해줄 분명하고 실천 가능한 로드맵이 당신에게 있다는 것이다.

물론 이 로드맵은 당신이 나아갈 방향을 단계별로 한 단계씩 제시하고 있다. 또한 이 로드맵에는 당신이 살아가는 동안 피해야 할 장애물에 대한 정보도 제시되어있다. 이 책이 바로 당신의 로드맵이다.

이 책에는 절제력을 키울 수 있는 방향과 절제력을 키우는 과정에서 당신이 직면하게 될 문제들에 대한 정보가 담겨있다. 그렇기에 당신은 절제력이 필요할 때, 이 책을 따라 인생길을 한 걸음씩 걸어나가면 된다.

끝까지 이 책의 로드맵을 따라가다 보면 당신의 목표를 달성하는 데 필요한 절제력을 갖추게 될 것이다. 내가 보증한다.

마지막 당부 : 절제의 여행은 결코 끝나지 않는다. 살다보면 당신의 절제력이 차츰 마모되어 약해지기를 반복할 것이다. 따라서

새로 시작할 필요를 느낄 때마다 이 책을 반복해서 읽고 실천하기를 권한다.

이 책을 다시 읽을 때는 책 전체를 다시 읽을 필요가 없다. 그때그때 당신이 직면한 문제를 다루는 장을 골라 읽는 것으로 충분하다.

이 여정을 즐기기 바란다. 오늘 당신이 투자한 시간과 노력은 당신 삶의 여정에 큰 보상을 안겨줄 것이다.

이 책을 재미있게 읽었는가?

우리는 이 책을 통해 상당히 많은 시간을 함께 보냈다. 당신이 나와의 여행을 함께 해준 것에 대해 감사를 보낸다. 더불어 이 책이 당신에게 도움이 되었길 바란다.

나는 당신이 작은 호의를 베풀어주었으면 좋겠다. 이 책 『How to lead a disciplined life』를 재미있게 읽었다면, 인터넷 서점(아마존 등)에 짧은 리뷰를 올려주길 바란다. 한두 문장의 짧은 평이라도 내게는 큰 힘이 된다.
이 책의 잠재적인 독자들은, 이 책을 읽은 당신의 말을 듣고 싶어한다. 당신의 리뷰가 그들로 하여금 이 책을 집어들게 만들 것이다.
당신이 이 책의 리뷰를 올리면 당신의 이메일 주소가 내 메일링 리스트에 올라갈 것이다. 그러면 당신은 그 즉시 『Capture Your Productivity! The Top 10 Habits You Must Develop to Get More Things Done』이라는 제목의 40쪽짜리 PDF 파일을 받게 될 것이다.

또 당신은 다음 사이트에서 당신의 이메일 주소를 내 메일링 리스트에 올릴 수 있다.

artofproductivity.com/free-gift

나는 생산성 향상, 시간 관리, 자기개발 등에 대한 조언을 담은 뉴스레터를 당신의 이메일로 보내줄 것이다. 그 외에도 미루는 버릇 버리기, 아침 루틴 만들기, 번아웃 피하기, 날카로운 집중력 키우기 등 많은 팁들을 보내줄 것이다.

만약 나에게 질문이 있거나, 당신의 삶에 긍정적인 결과를 만들어낸 팁, 기술, 마음수련 결과를 다른 사람들과 공유하고 싶다면 내 이메일 주소 (damon@artofproductivity.com)로 그 내용을 보내주기 바란다. 나는 기꺼이 당신의 이메일을 받아볼 준비가 되어있다.

다음에 또 만나기를 기원하면서,

절제할 용기

초판 1쇄 인쇄 · 2024년 5월 8일
초판 1쇄 발행 · 2024년 5월 20일

지은이 · 데이먼 자하리아데스
옮긴이 · 김송호
펴낸이 · 이종문(李從聞)
펴낸곳 · 국일미디어

등 록 · 제406-2005-000025호
주 소 · 경기도 파주시 광인사길 121 파주출판문화정보산업단지(문발동)
사무소 · 서울시 중구 장충단로8가길 2(장충동1가, 2층)

영업부 · Tel 02)2237-4523 | Fax 02)2237-4524
편집부 · Tel 02)2253-5291 | Fax 02)2253-5297
평생전화번호 · 0502-237-9101~3

홈페이지 · www.ekugil.com
블 로 그 · blog.naver.com/kugilmedia
페이스북 · www.facebook.com/kugilmedia
E-mail · kugil@ekugil.com

• 값은 표지 뒷면에 표기되어 있습니다.
• 잘못된 책은 바꾸어 드립니다.

ISBN 978-89-7425-913-6 (03190)